MON FRÈRE

ET MOI

SOUVENIRS D'ENFANCE ET DE JEUNESSE

PAR

ERNEST DAUDET

PARIS

E. PLON ET Cie, IMPRIMEURS-ÉDITEURS

10, RUE GARANCIÈRE

—

1882

Tous droits réservés

MON FRÈRE ET MOI

L'auteur et les éditeurs déclarent réserver leurs droits de traduction et de reproduction à l'étranger.

Ce volume a été déposé au ministère de l'intérieur (section de la librairie) en février 1882.

MON FRÈRE

ET MOI

SOUVENIRS D'ENFANCE ET DE JEUNESSE

PAR

ERNEST DAUDET

PARIS
E. PLON et Cie, IMPRIMEURS-ÉDITEURS
10, RUE GARANCIÈRE
—
1882
Tous droits réservés

AU LECTEUR

Alphonse Daudet, à qui sont consacrés ces souvenirs, est aujourd'hui dans la plénitude de sa renommée. Ses œuvres, qu'éditeurs et journaux se disputent, sont traduites dans toutes les langues, populaires à Londres comme à Paris, à Vienne comme à Berlin, à New-York comme à Saint-Pétersbourg. Si les notes intimes et personnelles qu'on va lire avaient besoin d'une justification, je n'en voudrais pas invoquer d'autre que cette légitime notoriété si bien faite pour les expliquer.

Quant à l'attrait particulier qu'elles peuvent offrir résultant de la parenté qui unit à celui qui en est l'objet celui qui les a écrites, je n'en dirai qu'un mot. Depuis qu'Alphonse Daudet est venu au monde, la vie ne nous a guère séparés. Je reste convaincu que personne ne saurait parler de l'homme et de l'écrivain avec plus d'exactitude que moi, si ce n'est lui ; et j'ai en outre l'avantage de pouvoir en dire ce qu'assurément il n'oserait pas en dire lui-même.

Longtemps mon esprit a été obsédé par la tentation d'écrire ce récit, de fixer, de préciser des souvenirs dont Alphonse Daudet lui-même s'est inspiré souvent dans ses romans et dans ses études. Je me disais qu'en un temps où le roman tend de plus en plus à ne s'alimenter que de vérité, où le besoin de sincérité s'impose impérieusement à quiconque tient une plume, ces notes vraies sur un passé déjà lointain n'avaient pas moins chance de plaire qu'une œuvre de fiction qui ne doit son succès qu'à l'effort de l'auteur pour reproduire exactement l'homme et la vie.

C'est sous cette forme que l'obsession dont je parle a longtemps hanté mon esprit. Peut-être l'aurais-je dominée et n'eût-elle jamais eu raison de mes scrupules, sans l'effort de quelques amis qui se sont attachés à me démontrer que je devais à l'histoire littéraire de ce temps ces documents sur mon frère, et que j'étais tenu d'écrire mon récit, dussé-je en ajourner indéfiniment la publication.

Je le commençai donc, ainsi qu'un travail destiné à ne pas sortir du cercle de l'intimité. Mais le destin en avait décidé autrement; il n'était pas encore achevé qu'une affectueuse violence le livrait à la publicité, sous ce titre : « Alphonse Daudet, par Ernest Daudet. »

On m'accordera la liberté de dire que le succès en fut très-vif auprès des lecteurs de la Nouvelle Revue. En revanche, mon frère, que je n'avais pu consulter, car nous étions alors éloignés l'un de l'autre, lui en Suisse, moi en Normandie, s'émut un peu de se voir traité « comme on ne traite que les morts ». Il m'écrivait : « Je suis vivant et bien vivant, et tu me fais entrer trop tôt dans l'histoire. J'en sais qui diront que je me suis fait faire une réclame par mon frère. »

Fondée ou non, l'objection venait tardivement. Le livre était lancé; il n'y avait plus qu'à le laisser aller. C'est ce que *j'ai fait d'accord avec Alphonse Daudet, après avoir, sur son désir, supprimé des appréciations élogieuses de son talent, sans autorité sous ma plume amicale, et modifié le titre primitif qu'il jugeait trop bruyant. Il m'a conseillé celui qui figure en tête de ce volume, et quoique j'aie toujours professé la profonde horreur du « moi », j'avais tant à me faire pardonner pour ma tentative audacieuse, que j'ai accédé sans discussion à son désir.*

Telle est la courte histoire de mon livre. Je la devais au public, à la bienveillance duquel je le confie. Je n'y ajouterai qu'un mot. On me pardonnera si je me mets en scène à côté de mon frère. Nos existences ont été si étroitement unies que je ne pouvais parler de lui sans parler aussi de moi. Je me suis efforcé de le faire discrètement, ces pages étant inspirées avant tout par une grande tendresse fraternelle et une non moins grande admiration.

E. D.

MON FRÈRE ET MOI

I

Le nom de Daudet est assez répandu dans le Languedoc. Quelques-unes des familles qui le portent en ont supprimé la dernière lettre : Daudé d'Alzon, Daudé de Lavalette, Daudé de Labarthe. On le trouve fréquemment dans la Lozère, à Mende et à Marvejols, sous sa double orthographe. Au dix-huitième siècle, un graveur, un critique d'art, un ingénieur, deux théologiens protestants le firent connaître; un chevalier Daudet écrivit et fit imprimer la relation d'un voyage de Louis XV à Strasbourg.

Ces Daudé ou Daudet, tous originaires des Cévennes, ont-ils eu un berceau commun ? On peut le supposer. Ce qui est plus certain, c'est que la branche de laquelle nous sommes issus, Alphonse et moi, a poussé dans un petit village nommé Concoules, à quelques lieues de Villefort, dans la Lozère, au point où ce département se réunit à ceux de l'Ardèche et du Gard.

Au commencement de la Révolution, notre grand-père, simple paysan à l'esprit plus ouvert que cultivé, était descendu de ces montagnes sauvages avec son frère pour se fixer à Nîmes et y exercer la profession de taffetassier (tisseur de soie). Il s'appelait Jacques; son frère, Claude. Royaliste exalté, Claude périt massacré en

1790, pendant les sanglantes journées de la « Bagarre ». Peu s'en fallut que Jacques aussi trouvât la mort dans des conditions non moins tragiques.

C'était en pleine Terreur. L'échafaud restait en permanence sur l'esplanade de Nîmes. On y fit monter en un seul jour trente habitants de Beaucaire, prévenus de complicité avec les conspirateurs royalistes du Vivarais, artisans pour la plupart, car il est à remarquer que dans le Midi, c'est parmi le peuple que les jacobins semblaient recruter de préférence leurs victimes. Ces malheureux allèrent au supplice en chantant le *Miserere*. Arrivé depuis peu de ses montagnes, Jacques Daudet se trouva sur leur passage. Son âme s'ouvrit à la pitié, ses yeux s'emplirent de larmes.

— *Ah! li paouri gent!* (Ah! les pauvres gens!) s'écria-t-il.

Il fut aussitôt entouré d'individus appartenant à l'escorte des condamnés, qui le maltraitèrent en le poussant dans le lugubre cortége, en le menaçant de l'exécuter sans jugement. Par bonheur, l'un d'eux, moins exalté que les autres, le pressa de fuir et favorisa sa fuite. Notre Cévenol se hâta de disparaître et profita de la leçon, car on ne l'entendit plus jamais manifester ses sentiments dans les rues.

Le temps emporta ces sombres années. Sous le Consulat, on retrouve Jacques Daudet à la tête d'un important atelier de tissage, que les grands fabricants de la ville ne laissaient guère chômer. L'industrie des tissus de soie était alors florissante dans Nîmes; elle fournissait à la consommation des cravates, des robes, des foulards, ces belles étoffes brochées qui égalaient en perfection les plus fins produits de la fabrique lyonnaise. Elle alimentait dans la ville et dans les communes voisines des centaines de métiers; elle faisait brillante figure à côté de cette énorme production de tapis, de châles, de lacets, qui portait la renommée du commerce nîmois jusque dans l'Orient.

Jacques Daudet se lassa bientôt de n'être qu'un ouvrier. Il fonda une maison de vente et ne tarda pas à acquérir une petite fortune. Dans l'intervalle, il s'était marié; de son mariage étaient nés deux fils et trois filles. C'est son quatrième enfant, Vincent, qui fut le père d'Alphonse Daudet et le mien.

Un joli homme à vingt ans que ce Vincent, avec sa tête bourbonienne, ses cheveux noirs, son teint rosé, ses yeux à fleur de tête, serré dans une étroite redingote et cravaté de blanc, comme un magistrat, — habitude qu'il conserva toute sa vie. Son instruction n'avait pas dépassé le rudiment du latin, son père l'ayant « attelé aux affaires » dès l'âge de seize ans. Mais il avait couru le monde, la Normandie, la Vendée, la Bretagne, — en ce temps-là, c'était le monde, — conduisant lui-même une voiture toute pleine des produits de la maison paternelle, qu'il vendait dans les villes aux grands négociants de ces contrées, voyageant nuit et jour, hiver comme été, deux pistolets dans un petit sac vert pour se défendre contre les malandrins.

Ces mœurs commerciales d'une époque qui ne connaissait ni le télégraphe ni les chemins de fer se sont transformées aujourd'hui. Mais elles avaient vite fait de former un homme au contact des difficultés, des aventures, des responsabilités qu'elles engendraient. A vingt ans donc, Vincent Daudet était un gaillard tout feu, tout flamme, prudent, rangé, — catholique et royaliste, il n'est pas besoin de le dire, — digne en tout des braves gens qui l'avaient mis au monde; en outre, tout à fait séduisant, ce qui ne gâte rien.

II

En ce temps-là, — vers 1829, — la maison Daudet était en relations suivies d'affaires avec la maison Reynaud, à qui elle achetait les soies en fil, nécessaires à la fabrication des tissus. Une fameuse race aussi que celle des Reynaud, comme on va le voir. Son berceau se trouve encore dans les montagnes de l'Ardèche, — une vieille et confortable maison, appelée « la Vignasse », plantée sur des amas de roches brisées, parmi les châtaigniers et les mûriers, et dominant la vallée de

Jalès où eurent lieu, de 1790 à 1792, les rassemblements royalistes provoqués par l'abbé Claude Allier et le comte de Saillans, agents des princes émigrés.

La Vignasse avait été achetée le 10 juin 1645 par Jean Reynaud, fils de Sébastien Reynaud, de Boisseron. C'était alors un petit domaine où vint s'établir Jean Reynaud après son mariage, et sur lequel il construisit l'habitation qui appartient encore à sa descendance. De 1752 à 1773, l'un de ses héritiers, notre bisaïeul, eut six fils et trois filles. Deux de celles-ci se marièrent; la troisième se fit religieuse au monastère de Notre-Dame de Largentière, dont sa grand'tante maternelle, Catherine de Tavernos, était alors supérieure. Quant aux six garçons, dont l'un fut notre grand-père, ils eurent pour la plupart des aventures qui méritent d'être signalées ici.

L'aîné, Jean, resta dans la maison paternelle, y fit souche de braves gens; son petit-fils, Arsène Reynaud, y réside encore, plein de vie et de santé, malgré son grand âge, honoré, estimé et donnant autour de lui l'exemple des plus mâles vertus.

Le second, Guillaume, « l'oncle le Russe », se rendit à Londres sous la Révolution et y fonda un grand commerce d'articles de Paris. Les émigrés français ayant été expulsés d'Angleterre, il partit pour Hambourg, d'où il gagna la Russie, en transportant son commerce à Saint-Pétersbourg. A force d'adresse, il parvint à se faire nommer fournisseur de la cour et eut vite gagné une fortune estimée à trois cent mille francs, chiffre considérable pour le temps.

Par quelles circonstances se trouva-t-il mêlé à la première conspiration contre Paul Ier? Nous ne l'avons jamais bien su.

Cette conspiration ayant échoué, l'oncle Guillaume entendit prononcer contre lui une sentence qui confisquait ses biens et ordonnait sa déportation en Sibérie. Il y fut conduit à pied, enchaîné, avec la plupart de ses complices. D'abord plus heureux qu'eux, il parvint à s'échapper, en se mêlant à la suite d'un ambassadeur que le gouvernement russe envoyait en Chine. Malheureusement, il fut reconnu au moment de franchir la frontière et renvoyé en Sibérie. Il y serait probablement mort, si le succès de la seconde conspiration contre le czar Paul, étranglé, on s'en souvient, en 1801, n'eût mis un terme à son exil. Alexandre Ier signa sa grâce et lui restitua sa fortune.

L'oncle le Russe rentra en France sous la Restauration et se fixa à Paris, où il mourut en 1819, en léguant son héritage à sa gouvernante, une certaine Catherine Dropski, qui vivait près de lui depuis vingt ans et qui disparut, sans laisser le temps à la famille dépouillée de lui adresser des réclamations.

Le troisième fils de Jean Reynaud se nommait François. C'est celui que nous désignons encore sous le nom de « l'oncle l'abbé ». Un beau type de prêtre et de citoyen que cet abbé Reynaud, dont ses petits-neveux ont le droit de parler avec quelque fierté. Rarement un homme réunit en lui plus de dons. Ceux qui l'ont connu ne prononcent son nom qu'avec une admiration respectueuse.

Désireux d'entrer dans les ordres, il fit ses premières études aux Oratoriens d'Aix, avec le dessein de rester dans cette célèbre congrégation et de se vouer à l'enseignement; mais, rappelé bientôt par son évêque, qui tenait à le garder dans son clergé diocésain, il les continua au séminaire de Valence, d'où il alla, en 1789, occuper une modeste cure dans le Vivarais. Ayant refusé d'adhérer à la constitution civile du clergé, mais ne voulant prendre aucune part aux complots qui s'ourdissaient autour de lui, il partit pour Paris sous un déguisement, avec la pensée d'y vivre auprès de son frère Baptiste, dont je parlerai tout à l'heure.

Peu après son arrivée à Paris, il assistait à la séance de la Convention dans laquelle furent votées des mesures rigoureuses pour empêcher les suspects de quitter la capitale. Sans attendre la fin de cette séance, il alla prendre le coche de Rouen. Quelques jours plus tard, il était à Londres, où il attira son frère Guillaume.

Pendant le long séjour qu'il fit en Angleterre, l'oncle l'abbé vécut loin de la société des émigrés, dont il désavoua toujours l'attitude et les menées. Ayant épuisé ses ressources, et devenu professeur, il était entré à ce titre chez un savant qui élevait un petit nombre de jeunes gens appartenant à l'aristocratie britannique. Là, il donna à ses propres études, le complément qui leur manquait ; il étudia spécialement la langue anglaise ; elle lui devint bientôt si familière qu'il put l'enseigner à Londres même. Durant ce séjour, il fut le héros d'une aventure dont il ne parlait plus tard qu'avec une émotion profonde.

Il avait cru devoir cacher sa qualité de prêtre aux personnes avec qui il entretenait des relations. Dans une des familles où il était reçu, se trouvait une jeune fille, belle, distinguée et riche. Elle s'éprit de cet exilé, touchée par sa grâce naturelle, son doux regard et surtout par la dignité de sa vie. Comme il ne paraissait pas comprendre les sentiments qu'il avait inspirés, elle pria son père de lui en faire l'aveu, offrant de le suivre en France le jour où il y retournerait. Tout ce qu'on pouvait présenter de plus flatteur à l'imagination d'un jeune homme, les perspectives d'un brillant avenir, les joies d'un profond amour, fut mis en œuvre pour séduire François. Mais sa conscience lui dictait d'autres devoirs, et sans trahir son secret, il refusa le bonheur qu'on lui offrait. N'y a-t-il pas dans ce simple épisode un adorable sujet de roman?

Enfin l'exil prit fin. L'abbé Reynaud fut rayé, sous le Consulat, de la liste des émigrés. Il rentra en France, décidé à continuer cette carrière de l'enseignement que l'exil lui avait ouverte. Appelé à la direction du collége d'Aubenas, il y passa peu de temps. En 1811, il était nommé principal du collége d'Alais. C'est là qu'il vécut jusqu'au jour de sa mort, c'est-à-dire pendant vingt-quatre ans, universitaire passionné, attaché à ce collége qu'il avait réorganisé et rendu florissant, refusant, pour ne pas le quitter, les plus hautes positions, l'épiscopat même, faisant revivre, a dit un de ses biographes, l'image du bon abbé Rollin.

C'était la mansuétude en action. Sa tolérance égalait son libéralisme, et dans un pays où les dissidences religieuses ont engendré tant de maux, il pratiquait cette maxime : qu'en matière de foi, la contrainte ne saurait produire que des fruits amers.

Sous le ministère Villèle, il eut à soutenir une longue lutte contre les Jésuites. Ceux-ci voulaient lui prendre son collége. Ils recoururent aux plus blâmables manœuvres pour l'en faire sortir. Mais son indomptable énergie fut à la hauteur de leurs efforts ; la victoire lui resta.

A une telle vie, il fallait une fin héroïque. Le 1er juillet 1835, éclata dans Alais l'épidémie du choléra. Elle devint si violente, que le collége dut être fermé. L'abbé Reynaud avait alors soixante et onze ans. Avant de partir, les professeurs firent auprès de lui une démarche pour l'engager à quitter Alais.

— Je dois rester à mon poste de prêtre, répondit-il, là où il y a des affligés à consoler et des malheureux à secourir ; si je m'éloignais, je ne me déshonorerais pas moins qu'un officier qui, à la veille d'une bataille, abandonne son drapeau et ses soldats.

Dès le lendemain, il allait s'installer à l'hôpital, où, pendant plus de deux mois, il se prodigua avec le plus admirable dévouement. Le 10 septembre, il fut à son tour brusquement atteint, et mourut le surlendemain, victime d'un devoir que son grand âge aurait pu le dispenser de remplir avec une si périlleuse ardeur.

Le nom de l'abbé Reynaud est resté populaire à Alais, et si je me suis étendu sur les causes de cette popularité, c'est que ce fut le souvenir de cet homme de bien qui ouvrit les portes du collége à son petit-neveu, Alphonse Daudet, lorsque longtemps après, à peine âgé de seize ans, obligé de gagner sa vie, il alla y solliciter une place de maître d'étude. Relisez le récit des souffrances du « Petit Chose » devenu « pion » au collége de Sarlande.

Il me reste à parler encore de trois des fils Reynaud ; je le ferai brièvement.

L'un d'eux, Baptiste, était parti de bonne heure pour Paris. Entré comme commis chez le chapelier de la cour, le fameux Lemoine, son intelligence et sa bonne mine le firent désigner pour « le dehors ». C'est lui qui allait aux Tuileries essayer les chapeaux de la reine et des princesses; il allait de même chez les femmes à la mode, chez les élégants du jour. A ce métier, il acquit rapidement les connaissances les plus variées; il fut vite au courant des commérages de la société d'alors. Aussi, que de souvenirs sa mémoire avait gardés de ce temps!

« L'oncle Baptiste » est le seul de nos grands-oncles qu'Alphonse et moi ayons connu. C'était déjà un vieillard, resté propret, frais et rose, comme aux jours de sa belle jeunesse, mais parlant peu de son passé devant nous qui n'étions que des enfants. Ce que nous en savons, il l'avait raconté à sa famille. Il aimait à l'entretenir de son séjour à Paris, des personnages avec qui il avait été lié, Collin d'Harleville entre autres, et de ses campagnes comme volontaire dans l'armée de Dumouriez.

Dans le *Petit Chose,* il est question d'un oncle Baptiste. Mais ce personnage de roman n'a de commun avec notre aïeul que le nom. Alphonse Daudet l'a créé de pièces et de morceaux, c'est-à-dire de divers traits empruntés à d'autres membres de la famille.

Les deux jeunes frères de Baptiste, qui se nommaient Louis et Antoine, furent loin d'avoir une destinée aussi aventureuse que leurs aînés. Ils s'étaient mariés tous deux en Vivarais, dans le voisinage de la maison paternelle. Louis y demeura; Antoine, celui qui fut notre grand-père maternel, étant devenu veuf, quitta le pays vers la fin du siècle, afin d'aller s'établir à Nîmes, où il créa un important établissement pour l'achat et la revente des soies.

A cette époque, les éleveurs de vers à soie des Cévennes et du Vivarais, les petits filateurs, venaient à Nîmes apporter leurs produits. On les voyait, pendant plusieurs jours, circuler dans la ville, avec leur habit de bourrette à pans très-courts, leurs bas de laine noire, leurs gros souliers ferrés, les cheveux en queue, créant les cours sur ce marché improvisé. Là, toutes les opérations se faisaient au comptant, en belles espèces sonnantes, et comme un kilogramme de soie valait de cinquante à quatre-vingts francs, c'était, pendant cette période, dans les magasins où les montagnards écoulaient leurs marchandises, un roulement d'écus à faire se pâmer d'aise Harpagon. Puis, les ventes finies, ces braves gens, pliant sous le poids de leur sacoche, s'en retournaient chez eux, qui au Vigan, qui à Largentière, qui à Villefort.

Cette industrie, qui a longtemps enrichi le Languedoc, la Provence et le Comtat, est morte aujourd'hui, tuée par la maladie des vers à soie. La crise qui a ruiné le Midi a commencé par là. Puis sont venues les découvertes chimiques qui ont arrêté la production de la garance, si florissante dans le département de Vaucluse. Le philloxera, enfin, a été le dernier coup. Les fortunes les mieux assises n'y ont pas résisté. Mais, au temps dont nous parlons, on était bien loin de prévoir ces catastrophes, et, comme toute la France, le Midi se laissait emporter par le fécond mouvement commercial qui atteignit son plus grand développement sous la Restauration.

Antoine Reynaud fut de ceux qui dans Nîmes surent le mieux en profiter. Il était devenu l'un des plus importants acquéreurs des soies du Midi. Il les revendait ensuite aux grands tisseurs de Nîmes, d'Avignon, de Lyon, soutenant sur ces divers marchés la concurrence contre les produits similaires de Lombardie et du Piémont. Il fit à ce métier une belle fortune, aidé par ma grand'mère, car, vers 1798, il s'était remarié avec une jeune femme originaire comme lui du Vivarais, qu'il y avait rencontrée en allant embrasser son frère aîné à la Vignasse.

III

Notre grand'mère était morte plusieurs années avant ma naissance; mais j'ai entendu assez souvent parler d'elle pour affirmer que ce n'était point une âme ordinaire. Plébéienne au sang chaud, royaliste convaincue, trempée dans les rudes épreuves de la Terreur, elle rappelait par sa beauté, ses formes sculpturales, ses yeux largement fendus, quelques-uns des portraits du peintre David.

Lorsque Antoine Reynaud la connut, elle avait vingt ans; elle était veuve d'un premier mari, mort fusillé dans l'une de ces échauffourées de la Lozère contre lesquelles la Convention envoya un de ses membres, Châteauneuf-Randon.

De ce mariage, un fils lui restait. Elle avait couru avec lui les plus effroyables périls. Décrétée d'accusation en même temps que son mari, elle s'était réfugiée à Nîmes, où résidait une partie de sa famille, tandis que lui-même fuyait d'un autre côté. Là, elle vivait obscure et cachée, attendant la fin des mauvais jours. Un matin, elle commit l'imprudence de sortir, son enfant dans les bras. La fatalité la plaça sur le passage de la déesse Raison, qu'on promenait processionnellement dans les rues, et voulut que la citoyenne à qui était échue cette haute et passagère dignité connût notre grand'mère. Du plus loin qu'elle l'aperçut, elle l'interpella, en criant :

— Françoise ! à genoux !

Ma grand'mère avait à peine dix-sept ans, la repartie prompte et l'ironie facile. Elle répondit à cet ordre par un geste de gamin. La foule se précipita sur elle : « Zou ! zou ! » Elle prit sa course à travers la ville, pressant son enfant contre son sein, atteignit un faubourg et put rentrer chez elle par le jardin, en passant sur l'étroite margelle d'un puits, au risque de s'y laisser choir. Elle disait plus tard :

— Un chat n'aurait pas fait ce que j'ai fait ce jour-là.

Elle était sauvée momentanément; mais trop de périls menaçaient sa sûreté pour qu'il lui fût possible de rester à Nîmes. Elle partit le même soir pour le Vivarais.

Elle dut faire une partie de la route à pied, voyageant à petites journées, logeant à la fin de ses longues marches dans une ferme ou chez des curés constitutionnels à qui de bonnes âmes l'avaient recommandée. Ce fut pendant ce voyage, traversé par les plus cruelles angoisses, qu'elle apprit la mort de son mari.

Elle était arrivée la veille dans un pauvre village nommé Les Mages. Logée au presbytère, elle fut douloureusement impressionnée en entrant dans la chambre qui lui était destinée. Le cimetière s'étendait sous ses croisées; la lune dessinait dans la nuit les croix des tombes. Il lui fut impossible de s'endormir.

Puis, ce fut l'enfant qu'elle allaitait qui parut à son tour saisi de terreur. Rouge et les yeux hagards, le pauvre petit être cria et pleura toute la nuit, se débattant dans les bras de sa mère qui s'efforçait en vain de l'apaiser.

Quelques heures plus tard, ma grand'-mère apprenait que son mari était mort, non loin de là, fusillé, au petit jour. Elle ne cessa jamais de croire que son fils avait eu durant cette affreuse nuit la vision du supplice de son père.

A la suite de ces émotions, elle perdit son lait. L'enfant, confié à ses grands parents, fut nourri par une chèvre. Quant à ma grand'mère, son signalement était donné de tous côtés dans le pays, la gendarmerie à sa poursuite. Elle eut alors l'existence vagabonde d'une fugitive, rôdant de toutes parts sous des déguisements, ne rentrant chez elle qu'à la nuit noire pour y dormir.

Par une circonstance singulière, la seule personne qui connût le secret de sa retraite était une ardente patriote, maîtresse de l'un des conventionnels en mission dans le Vivarais et le Gévaudan. Cette femme s'était prise de sympathie et de pitié pour la proscrite. Elle la tenait au courant des mesures ordonnées contre elle, et chaque matin ma grand'mère pouvait s'éloigner des lieux où sa liberté était plus particulièrement menacée.

Un jour, cependant, que brisée de fatigue et vêtue comme une pauvre gardeuse de vaches, elle s'était assise au bord d'un chemin, elle vit apparaître deux gendarmes qui lui demandèrent si elle n'avait pas vu passer « la nommée Françoise Robert », — c'était son nom. Comme on pense, elle répondit négativement. Les gendarmes l'ayant interrogée pour savoir en quel endroit elle se rendait, elle nomma au hasard un village des environs.

— C'est justement là que nous allons, reprit l'un d'eux en tordant sa moustache de l'air le plus galant. Monte derrière moi, nous t'y conduirons.

Elle protesta en pleurant qu'elle était honnête fille, et les gendarmes attendris s'éloignèrent après lui avoir fait des excuses.

Une autre fois, les ayant aperçus à l'extrémité du chemin qu'elle suivait, elle se jeta dans une prairie où un berger faisait paître ses moutons. Elle lui mit un écu dans la main, puis lui prit vivement son chapeau et son manteau, se coiffa de l'un, se drapa dans l'autre, en disant :

— Brave homme, ne me perdez pas ; je suis votre goujat.

Le berger garda le silence, et les gendarmes passèrent sans se douter que ce pauvre petit bergerot, dont un feutre couvrait le visage et les cheveux, et qui s'appuyait tout ensommeillé sur un bâton, n'était autre que cette Françoise Robert qu'ils cherchaient vainement depuis tant de jours.

Quatre années s'étaient écoulées après ces événements, lorsque Antoine Reynaud rencontra Françoise. Il s'éprit d'elle, l'épousa en adoptant son fils et la ramena à Nîmes. Notre grand'mère possédait une rare intelligence et une extraordinaire intrépidité d'âme. Dans la maison de son mari, ces qualités se développèrent et portèrent les plus heureux fruits. Elle s'éleva en même temps que lui, et dans aucune circonstance ne se trouva au-dessous de l'état social qu'il s'était peu à peu créé. Elle fut une compagne aimante et fidèle, une collaboratrice discrète et sûre. Elle contribua pour une bonne part au fondement d'une fortune qui ne devait pas lui survivre longtemps, mais qu'elle avait eu le mérite d'édifier pour une bonne part.

On ferait un gros volume avec les traits les plus intéressants de la vie de notre grand'mère : le courage qu'elle déploya, un certain soir où son mari fut victime d'une tentative d'assassinat; les manifestations de sa haine contre Napoléon; sa joie au retour des Bourbons, tous ces épisodes d'une vie de bourgeoise honnête et énergique. Et avec cela un entrain de tous les diables, un esprit de décision peu commun chez les femmes, une singulière habileté pour vaincre les obstacles, des témérités d'homme, un tempérament vigoureux, une santé florissante malgré les fatigues de ses grossesses successives.

Ce fut sous la Restauration que la fortune de nos grands parents atteignit à son apogée. Ils avaient alors six enfants, y compris celui du premier lit, assimilé aux autres : trois garçons et trois filles. Tout ce petit monde grandissait dans l'aisance. Le commerce, prudemment conduit, faisait couler le Pactole dans la maison. Madame Reynaud occupait une grande place dans la société, où son opinion faisait loi. Elle avait sa loge au théâtre, une belle propriété à quelques lieues de la ville. Elle était de toutes les fêtes, et plus particulièrement de celles qui suivirent le retour des Bourbons. Vers 1829, à l'époque où les Daudet entretenaient avec les Reynaud d'étroites relations d'affaires, cette prospérité n'avait fait que s'accroître; il ne semblait pas que l'essor pût en être arrêté.

Telle était la famille dans laquelle le jeune Vincent Daudet rêvait d'entrer. L'aînée des demoiselles Reynaud se nommait Adeline. C'était une personne mince et frêle, avec un teint olivâtre et de grands yeux tristes, dont une enfance maladive avait retardé le développement physique; une nature rêveuse, romanesque, passionnée pour la lecture, aimant mieux vivre avec les héros des histoires dont elle nourrissait son imagination qu'avec les réalités de la vie; malgré cela, une âme de sainte, d'une mansuétude infinie. C'est sur elle que Vincent Daudet avait jeté son dévolu, sans redouter la distance qui les séparait.

Son projet parut d'abord ambitieux à ses parents eux-mêmes. Les Reynaud tenaient la tête du commerce nîmois ; l'aîné des fils venait de s'allier aux Sabran de Lyon ; le second dirigeait dans cette ville une importante maison de commission. N'être que ce qu'était alors Vincent Daudet et tenter de s'unir à eux dénotait beaucoup d'audace. Il formula cependant sa demande ; des amis intervinrent pour plaider sa cause et pour vaincre une résistance fomentée surtout par les deux frères de mademoiselle Adeline, établis à Lyon, et qui souhaitaient pour leur sœur une alliance plus éclatante. Heureusement, mademoiselle Adeline, consultée, y coupa court en déclarant qu'elle voulait bien.

Le mariage eut lieu au commencement de 1830, en même temps que Vincent

Daudet, devenu un personnage par son entrée dans la famille Reynaud, s'associait avec son frère aîné pour la continuation du commerce paternel.

Les premières années du nouveau ménage furent attristées par une longue suite de malheurs domestiques. Mes parents perdirent successivement leurs premiers enfants, à l'exception de l'aîné, dont la faible santé leur causa mille tourments. Ma grand'mère Reynaud mourut presque subitement, emportée par une fluxion de poitrine. L'un de ses fils compromit à Lyon, dans des spéculations imprudentes, une partie de l'actif commun confié à ses soins; enfin, mon père ne put s'entendre longtemps avec son frère. Leur association fut rompue et remplacée par une rivalité commerciale au cours de laquelle mon oncle, plus heureux ou plus habile, édifia une fortune dont ses enfants ont paisiblement hérité, tandis que mon père aventurait la sienne dans des essais de fabrication qui donnèrent rarement de bons résultats.

Alphonse Daudet vint au monde tout juste dix ans après ce mariage, dont j'ai cru nécessaire de raconter l'histoire et les débuts, en même temps que l'histoire de notre famille.

IV

« Je suis né le 13 mai 18.., dans une ville du Languedoc où l'on trouve, comme dans toutes les villes du Midi, beaucoup de soleil, pas mal de poussière et deux ou trois monuments romains. » C'est en ces termes qu'Alphonse Daudet raconte sa naissance, dès la première page du *Petit Chose,* celui de ses romans où il a mis, au moins dans la première partie, le plus de lui-même.

La ville qu'il décrit ainsi, c'est Nîmes. Il y est né le 13 mai 1840, trois ans après moi, au deuxième étage de la maison Sabran, que nos parents habitaient depuis leur mariage. Il était le troisième des enfants vivants à ce moment.

L'aîné se nommait Henri : une jolie âme d'artiste, exaltée et mystique, musicien jusqu'aux moelles, mort à vingt-quatre ans, professeur au collége de l'Assomption de Nîmes, à la veille d'entrer dans les ordres. Ce douloureux souvenir a inspiré une des pages les plus éloquentes du *Petit Chose,* cet émouvant chapitre intitulé : « *Il est mort! Priez pour lui!* »

Le cadet était celui qui écrit ce récit.

En 1848, la famille s'augmenta d'une fille, mariée aujourd'hui à M. Léon Allard, frère de madame Alphonse Daudet, qui a signé dans divers journaux des nouvelles d'une belle langue, révélatrice d'un fin talent d'écrivain.

Cette maison Sabran, où nous sommes venus au monde, existe encore sur le Petit-Cours, presque en face de l'église Saint-Charles, derrière laquelle s'étend l'Enclos de Rey, ce terrible faubourg royaliste dont les habitants, taffetassiers ou travailleurs de terre, ont fourni depuis un siècle aux soulèvements de la vieille cité romaine un personnel bruyant et grossier.

A l'une des extrémités du Petit-Cours se trouve la place des Carmes, à l'autre la place Ballore.

Toute la vie politique de Nîmes, dans le passé, tient entre ces deux points, propices aux rassemblements tumultueux, reliés par une large voie, plantée d'une double rangée de platanes dont l'été saupoudre chaque feuille d'une fine poussière blanchâtre et peuple de cigales les branches craquantes, à l'écorce toute brûlée.

C'est sur le Petit-Cours que se déroulèrent les plus sanglants épisodes de la Révolution, les plus tragiques scènes de la *Bagarre*.

C'est là qu'en 1815, au lendemain de Waterloo, le général Gilly, fuyant Nîmes pour se jeter dans les Cévennes, défila à la tête de ses chasseurs, la rage au cœur, la colère aux yeux, la bride aux dents, pistolet dans une main, sabre dans l'autre, abandonnant les bonapartistes aux fureurs d'une réaction criminelle trop facile à expliquer par les traitements qu'avaient subis les catholiques pendant les Cent-Jours.

C'est encore là qu'en 1831, ceux-ci s'attroupaient menaçants, quand on « tomba les croix », — souvenir mémorable, qui rappelle aux témoins de ces temps lointains les exagérations méridionales dans toute leur violence, le spectacle d'hommes au regard farouche, processionnellement rangés, chantant les *Psaumes de la Pénitence,* en y mêlant force injures contre « l'usurpateur »; de femmes échevelées, les bras sur la tête, poussant des cris de détresse; de prêtres parcourant, avec des attitudes de martyrs, ces rassemblements, prêchant du bout des lèvres la résignation et des yeux la révolte, pendant que respectueusement, sous la protection de la force armée, les autorités faisaient déposer dans les églises les croix élevées sur les places publiques lors des missions qui eurent lieu sous le ministère Villèle, quand la Congrégation était toute-puissante.

Les épisodes de l'histoire locale, à Nîmes, ont trouvé d'autres théâtres, à l'Esplanade, au Cours-Neuf, aux Arènes, aux Carmes. Nulle part ils n'ont revêtu une physionomie plus redoutable que sur ce Petit-Cours, où l'Enclos de Rey vient déboucher par cinq ou six rues, et où, plusieurs années après notre naissance, catholiques et protestants, pendant les longues journées de juillet, se livraient encore bataille à coups de pierres.

Que de fois, au temps de notre enfance, respirant l'air frais du soir devant la maison, nous avons été brusquement ramenés par notre bonne, tandis qu'autour de nous hommes et femmes fuyaient de toutes parts, et qu'au loin s'élevait, poussé par des bouches au rude accent, le cri : « Zou! zou! » signal ordinaire des échauffourées nîmoises! C'était le combat qui commençait. Tout se résumait, d'ailleurs, en contusions, en éraflures, en vitres brisées. La police laissait faire, et la lutte finissait faute de lutteurs.

On n'ignore guère que mon frère a mis dans le *Petit Chose*, à côté de beaucoup de vérité, beaucoup de fantaisie. Il est dans la fantaisie lorsqu'il écrit : « Je fus la mauvaise étoile de mes parents. Du jour de ma naissance, d'incroyables malheurs les assaillirent par vingt endroits. »

Il serait plus exact de dire, au contraire, qu'à ce moment, il y eut un répit dans les soucis de notre famille ; les affaires s'annonçaient plus prospères ; les catastrophes nouvelles n'éclatèrent que plus tard, en 1846, 1847, 1848, époque où la ruine fut consommée. Nous ne connûmes d'abord que l'aisance, nous grandîmes dans une atmosphère de tendresse, côte à côte ; — intimité de toutes les heures qui créa entre nous cette indestructible amitié, toujours aussi vivace et pas un seul jour démentie.

A cette époque, nos jeux remplissaient la vieille maison Sabran. Au premier étage, se trouvaient les magasins de Vincent Daudet, et sur le même palier ceux d'un cousin, fabricant de châles. Chez Vincent Daudet, on bannissait sévèrement les enfants. S'ils montraient à la porte leur mine rose et leurs cheveux blonds, un regard du père les obligeait à fuir au plus vite. Chez le cousin, on était plus accueillant.

Il y avait là un vieux commis qui adorait les petits. Il nous faisait de beaux chapeaux de papier tout empanachés; il nous fabriquait des épaulettes avec des débris de franges de châles; il nous armait d'un sabre de bois et dessinait au bouchon, au-dessus de nos lèvres, de terribles moustaches. Nous remontions en cet équipage chez notre mère, que nous trouvions le plus souvent plongée dans la lecture.

Ce goût passionné pour les livres, qu'elle nous a communiqué, a été une des consolations de sa vie. Enfant, elle allait se réfugier au fond des magasins de son père; elle se blottissait entre deux balles de soie pour pouvoir lire sans être dérangée. Plus tard, c'est encore à la lecture qu'elle consacrait tous ses loisirs. Il est indéniable que nous tenons d'elle la vocation qui nous a jetés plus tard dans la vie littéraire.

Quand, interrogeant ma mémoire, je cherche à me souvenir de mon frère enfant, je vois un beau petit garçon de trois ou quatre ans, avec de larges yeux bruns, des cheveux châtains, un teint mat et des traits d'une exquise délicatesse. Je me rappelle en même temps des colères terribles, des révoltes quasi tragiques contre les corrections qu'elles lui attiraient.

Un jour, à la suite de je ne sais quel méfait, on l'enferma seul dans une chambre. Il s'y débattit avec une telle violence, qu'il fallut ouvrir la porte de cette prison improvisée. Il en sortit tout contusionné par les coups qu'il s'y était donnés volontairement, en se jetant, la tête en avant, contre les murs.

Il tenait de nos grand'mères et surtout de notre père cette tendance aux emportements, qu'il a dominée, en devenant homme, par un superbe effort de volonté. Mais, enfant, elle était le trait dominant de son caractère. Aussi fut-il assez difficile à élever. C'était le plus singulier mélange de docilité et d'indiscipline, de bonté et d'entêtement; avec cela, une soif inextinguible d'aventures et d'inconnu, dont une myopie que l'âge a développée aggravait le péril.

Cette myopie a joué à mon frère les plus méchants tours; il s'est, tour à tour, noyé, brûlé, empoisonné, fait écraser; elle l'oblige encore aujourd'hui à solliciter un bras ami pour traverser le boulevard, à l'heure de l'encombrement des voitures ; elle a souvent fait croire, à des gens à côté de qui il passait sans les voir, qu'il affectait, par indifférence ou par dédain, de ne pas les saluer.

Mais, en même temps, elle lui a rendu un signalé service : elle lui a imposé la nécessité de vivre en dedans; elle l'a doté de la faculté la plus étrange et la plus précieuse, un don que je ne connais qu'à lui, une sorte de regard intérieur, ou, si vous préférez, une intuition d'une puissance extraordinaire, grâce à laquelle, s'il lui arrive de ne pas voir avec ses yeux les traits de quiconque lui parle, il les devine et devine en même temps la pensée de son interlocuteur. C'est une chose inexplicable pour moi que cette intensité de vision chez ce myope. Il est comme un aveugle dans la vie, et dans chacun de ses livres il fait œuvre d'observation minutieuse, attentive, presque à la loupe.

Ces qualités, qui se sont révélées chez l'adolescent, dormaient encore chez l'enfant, dominées par une vivacité, une turbulence, une témérité qui faisaient toujours trembler notre mère quand elle ne le sentait pas accroché à ses jupes ou sous la surveillance de notre bonne. Mais, en même temps, c'était la nature la plus droite, le cœur le plus généreux, l'esprit le plus éveillé. Ah! le bon petit camarade que j'avais là!

V

Parmi les meilleures de nos joies de ce monde, il faut citer les excursions du dimanche en famille, dans quelque village des environs, à Marguerites, à Manduel, à Fons ou à Monfrin. C'était là qu'habitaient nos nourriciers, braves gens, aisés pour la plupart, aimant tendrement l'enfant allaité sous leur toit, et toujours heureux de le revoir en compagnie de ses parents. Après la mort de ma grand'-mère, la campagne « Font du Roi » avait été vendue. Il fallait donc chercher ailleurs le grand air des champs, et c'est pour cela qu'on nous conduisait chez nos nourriciers, tantôt chez l'un, tantôt chez l'autre.

On partait le matin dans la vieille calèche où nous nous empilions, grands et petits, avec une demi-douzaine d'oncles et de tantes, de cousins et de cousines de notre âge; et après une belle journée sous le soleil, sur les routes blanches de poussière, dans les vignes et sous les oliviers, agrémentée de plantureux repas et de promenades, on revenait le soir, au clair de lune, les enfants à moitié endormis, bercés par les romances que les parents chantaient en chœur.

Un autre but de promenade, c'était « la Vigne », petite propriété située aux portes de la ville, parmi les « mazets » épars dans les garrigues, toute rôtie par le soleil et qui ne nous offrait d'autre abri qu'un kiosque en treillage où nous avons soupé souvent en famille durant les soirs d'été, après avoir passé de longues heures à manger des raisins, — œillades et clairettes, — que nos petites mains arrachaient aux souches rampantes, toutes chargées de feuilles et de fruits, et difficilement soulevées au-dessus de la terre durcie par les longues sécheresses de cette saison.

Ce modeste domaine ne mesurait pas un hectare, mais il avait une porte monumentale en fer, qui aidait à nous le faire paraître grand comme un monde. Une allée bordée de buis et de rosiers rabougris le traversait; à droite et à gauche s'étendaient les vignes; elles se partageaient le sol avec les oliviers et les amandiers; au fond, un champ de luzerne où notre père chassait les alouettes au miroir. Un mur en ruine l'entourait, formé, comme tous ceux du pays, de pierres superposées et non cimentées. Que de belles parties nous avons faites à la Vigne!

Au retour, on s'arrêtait à la fabrique où s'imprimaient les foulards que la maison Daudet expédiait alors par toute la France, en Italie, en Espagne et jusqu'en Algérie. A l'extrémité des ateliers se trouvait un assez beau jardin. Nous y faisions une halte avant de rentrer en ville, le temps de cueillir quelques fruits.

En résumant ces lointains souvenirs, je ne peux passer sous silence l'époque de la foire de Beaucaire, qui revenait périodiquement chaque année, et pendant laquelle la maison Daudet se transportait avec ses marchandises et son personnel dans la petite ville, qui fut durant plusieurs siècles un des plus importants marchés du monde. Dans *Numa Roumestan*, on trouve une bien pittoresque description de cette foire de Beaucaire :

« Dans nos provinces méridionales, elle était la férie de l'année, la distraction de toutes ces existences racornies ; on s'y préparait longtemps à l'avance, et longtemps après on en causait. On la promettait en récompense à la femme, aux enfants, leur rapportant toujours, si on ne pouvait les emmener, une dentelle espagnole, un jouet qu'ils trouvaient au fond de la malle. La foire de Beaucaire, c'était encore, sous prétexte de commerce, quinze jours, un mois de la vie libre, exubérante, imprévue, d'un campement bohémien. On couchait çà et là chez l'habitant, dans les magasins sur les comptoirs, en pleine rue sous la toile tendue des charrettes, à la chaude lu-

mière des étoiles de juillet. Oh! les
affaires sans l'ennuyeux de la boutique,
les affaires traitées en dînant sur la porte,
en bras de chemise, les baraques en file
le long du pré, au bord du Rhône, qui
lui-même n'était qu'un mouvant champ
de foire, balançant ses bateaux de toutes
formes, ses *lahuts* aux voiles latines,
venus d'Arles, de Marseille, de Barce-
lone, des îles Baléares, chargés de vins,
d'anchois, de liége, d'oranges, parés d'ori-
flammes, de banderoles qui claquaient
au vent frais, se reflétaient dans l'eau
rapide! Et ces clameurs, cette foule bario-
lée d'Espagnols, de Sardes, de Grecs en
longues tuniques et babouches brodées,
d'Arméniens en bonnets fourrés, de Turcs
avec leurs vestes galonnées, leurs éven-
tails, leurs larges pantalons de toile grise,
se pressant aux restaurants en plein vent,
aux étalages de jouets d'enfants, de

cannes, ombrelles, argenterie, pastilles du sérail, casquettes... »

Quoique six lieues à peine séparent Nîmes de Beaucaire, on ne nous emmenait pas en foire, nous les petits. On nous laissait à la maison. Mais elle nous appartenait; nous y régnions souverainement, et Dieu sait de quel bruit nous la remplissions. Puis, au retour, notre père nous rapportait un souvenir qui était comme le couronnement de cette période d'indiscipline, de gâterie et de libre allure : une cravache, une boîte de géographie, un sabre, un clairon, des riens qui nous ravissaient.

Rarement enfants eurent plus de jouets que nous. Au cours de son enfance maladive, notre aîné, Henri, en avait été comblé. Ses études commencées, il nous les abandonna, et le tas se grossit de tous ceux qu'on nous offrait à nous-mêmes.

Le grand-père Daudet était peu donneur. Rigoureusement économe sa vie durant, ses générosités à ses petits-fils n'allaient guère au delà d'une boîte de pastilles à la menthe, qu'il fourrait dans leur poche, au jour de l'an, après le compliment d'usage.

Tout autre, le grand-père Reynaud. Il ne trouvait de joie qu'à nous faire plaisir, qu'à jouir de notre surprise et de notre émotion. La veille de Noël, le jour de l'An, le jour des Rois, autant de prétextes à ripaille et à cadeaux.

Oh! les jours de l'an de notre enfance, quel souvenir! Les réunions chez le grand-père, à midi, pour dîner; la fable si difficilement apprise, bredouillée par nos lèvres impatientes, tandis que nos yeux s'égaraient sur le large buffet tout chargé de friandises et de joujoux : pantins, accordéons, chevaux de bois, moutons, poupées, que sais-je encore? la distribution de ces présents dans le tumulte de nos envies violemment surexcitées; le repas composé d'exquises gourmandises, croustades fabriquées par la vieille Sophie, brandade de chez Cadet, « estevenons » (gâteaux) de chez Villaret, nougats de chez Barthélemy, confiseries à personnages, papillotes à pétard; puis nos sauteries dans le grand salon bleu qui ne s'ouvrait guère que ce jour-là, tandis que les parents continuaient à deviser entre eux.

Donc, grâce à notre aîné, grâce au grand-père Reynaud, nous possédions, Alphonse et moi, des jouets à revendre. Avant qu'avec sa terrible manie de savoir ce qu'il y avait dedans, il en eût vu la fin, on en avait rempli toute une pièce, dans l'appartement de la maison de Vallongue, où nous nous installâmes vers 1844.

Déjà, vers cette époque, nous montions

des théâtres avec des personnages en bois ou en papier découpé; nous improvisions des comédies. J'étais très-habile à parer nos acteurs. Un jour que j'avais habillé en page une petite poupée articulée, Alphonse, pour utiliser ce chef-d'œuvre de mes mains, arrangea une belle scène que je regrette bien de n'avoir pas conservée. Ce fut son début dramatique.

Entre autres jouets que nous possédions, se trouvait tout un mobilier de chapelle à notre taille. Autel, chandeliers, tabernacle, calice, ciboire, ostensoir, rien n'y manquait. Notre mère avait taillé la nappe de l'autel dans une vieille robe brodée, confectionné l'aube et le surplis; un des oncles de Lyon avait envoyé une chasuble, une crosse et une mitre.

Ce matériel de petite église était resté longtemps en réserve. Un beau jour, on nous le livra. Ce ne furent alors que cérémonies religieuses, saluts, bénédictions, processions dans les vastes greniers où notre père avait installé l'atelier des ourdisseuses.

Ces ourdisseuses, — dévideuses de soie, — au nombre de cinq ou six, étaient de bonnes filles, dévotes pour la plupart, qui prenaient plaisir à nous entendre chanter des cantiques. Souvent, nos cousines Emma et Marie, leur frère Léonce, brave enfant tué en 1870 à Pont-Noyelles, quelques amis venaient nous rejoindre et partager nos jeux. C'est en ce temps que nous arriva ce que nous appelons encore dans la famille l'histoire de la Sainte Vierge.

Ce jour-là, nous avions vêtu de l'aube blanche la cousine Emma, une jolie brunette de notre âge; nous l'avions couronnée de roses, assise dans une corbeille à bobines prêtée par les ourdisseuses, et nous la transportions processionnellement comme la Vierge dans une châsse, à travers la maison, en psalmodiant tous les refrains religieux dont notre mémoire était remplie.

Nous nous étions partagé tous les autres ornements, portant qui la chasuble, qui la mitre, qui la crosse. Vêtu de la soutane, Alphonse faisait l'enfant de chœur, marchant en tête du cortége, une sonnette à la main.

Le malheur voulut qu'au même moment, notre père reçût un gros client de Lyon. Troublé par nos cris, il nous fit dire de nous taire; nous négligeâmes de tenir compte de l'avertissement. La patience n'était pas la vertu de Vincent Daudet; quand il entrait en colère, ce n'était pas petite affaire. Il apparut tout à coup sur le seuil de l'atelier dans lequel la procession allait prendre fin devant l'autel illuminé. D'un revers de main, il envoya l'enfant de chœur et la sonnette rouler à trois pas de là, puis, au milieu du sauve-qui-peut général, il retourna la châsse comme une simple hotte, et, empoignant la Sainte Vierge à la volée, il déchira du' haut en bas l'aube blanche, en faisant sauter la couronne. Le soir, il signifiait à notre mère, en l'absence de qui s'était passée cette scène tragi-comique, qu'il avait assez des cérémonies et des cantiques à domicile.

Les enfants retournèrent alors à la petite pièce qui contenait leurs jouets, et y passèrent le temps des récréations. On les admit ensuite dans une salle, à l'extrémité de l'appartement; là, sous la direction de Henri, s'élevait un théâtre sur lequel, avec quelques camarades, il répétait une comédie de Berquin. Quoiqu'ils fussent de simples mioches, on utilisa leurs services. Nous eûmes notre part dans la représentation de famille, donnée un jeudi et qui n'obtint d'ailleurs qu'un succès d'estime.

Vers le même temps, notre cher père nous apporta un jour, en revenant de la foire de Beaucaire, un *Robinson Crusoé* en deux tomes illustrés, un *Robinson suisse* et la collection du *Journal des enfants,* dix grands volumes remplis d'histoires signées Jules Janin, Frédéric Soulié, Louis Desnoyers, Ernest Fouinet, Édouard Ourliac, Eugénie Foa. C'est là que nous lûmes pour la première fois les *Aventures de Jean-Paul Chopart,* puis les *Aventures de Robert Robert et de son compagnon Toussaint Lavenette,* le *Théâtre du seigneur Croquignole,* les *Mystères du château de Pierrefitte, Léon et Léonie,* cent autres histoires écrites pour les lecteurs de notre âge, véritables petits chefs-d'œuvre pour la plupart, qui ont laissé dans notre mémoire une trace ineffaçable et exercé sur toute notre enfance une impression si vive, qu'encore aujourd'hui, lorsqu'un de ces volumes, usés, dépareillés, nous tombe sous la main, de ses pages déchirées montent en foule les souvenirs du lointain passé.

VI

Au mois de septembre 1846, nos parents se déterminèrent à me faire commencer mes études latines. Jusqu'à ce moment, nous avions été confiés aux Frères de la Doctrine chrétienne, chez qui les familles les plus aisées de la société catholique ne dédaignaient pas d'envoyer leurs enfants, — pour l'exemple. Ils m'avaient appris à lire et à écrire, donné quelques notions d'histoire sainte et d'instruction religieuse. On leur laissa Alphonse pendant une année encore. Notre aîné achevait ses classes chez un vieux professeur nommé Verdilhan, entré jadis dans l'enseignement sous les auspices de « l'oncle l'abbé ».

Pour moi, on se décida à m'envoyer comme externe au collége de l'Assomption, que dirigeait un vicaire général du diocèse, qui depuis a beaucoup fait parler de lui : l'abbé d'Alzon.

C'est là que je fis ma première communion, en 1848, le lendemain du jour où l'archevêque de Paris fut tué sur les barricades, et que je vécus deux années sous la direction de maîtres dont j'ai dû plus tard désavouer quelquefois les opinions exaltées, mais qui presque tous étaient des hommes éminents, affectueux, paternels, hautement habiles à former l'esprit et l'âme des enfants confiés à leurs soins.

Ce qui avait déterminé mon père à m'envoyer à l'Assomption, c'était le bon marché relatif de l'externat. Mais en

1848, sa fortune, qui depuis deux ans subissait de graves atteintes, fut tout à coup compromise. Les faillites successives de plusieurs de ses clients en emportèrent une partie. Puis ce fut la crise commerciale, l'arrêt des affaires, qui suivirent la révolution, et, pour couronner cette suite de catastrophes, la mort du grand-père Reynaud.

Elle révéla l'existence du gouffre dans lequel ses fils avaient englouti sa fortune. Nos parents comptaient sur cette succession pour faire face à des difficultés devenues chaque jour plus inextricables. Ils n'en retirèrent rien.

Ce fut le signal de longues et profondes divisions de famille. Une tristesse noire planait sur notre maison. Notre chère maman ne cessait de verser des larmes. Sous l'empire de ses soucis, mon père était devenu susceptible, irritable ; il voulait intenter un procès à ses beaux-frères et s'emportait contre quiconque tentait de les défendre ou de prêcher la conciliation.

Le plus clair de tout cela, c'est qu'il fallut se réduire, vivre d'économie. On me retira de l'Assomption, et j'allai à mon tour chez le père Verdilhan. Depuis plusieurs mois déjà, Alphonse était entré à l'institution Canivet, établissement modeste, où il pénétrait peu à peu dans les arcanes de la grammaire latine.

C'est une justice à rendre à notre excellent père, qu'en dépit de ses malheurs, il ne songea jamais à réaliser des économies à nos dépens, ni à interrompre nos études, sous le prétexte qu'il n'en payait que difficilement les frais. Un de nos parents, homme très-pratique, grassement enrichi, dont il était le débiteur, mêlait force conseils à ses incessantes réclamations. Il déclarait très-haut que cette ferme volonté de nous donner, à défaut de la fortune, une solide instruction, était le fait d'un ridicule orgueil. Il était d'avis qu'on devait nous doter d'un bon état. Si on l'avait écouté, je serais probablement serrurier aujourd'hui, et Alphonse manierait la varlope et la scie.

Mais Vincent Daudet ne l'entendait pas ainsi. Il persista à croire en l'étoile de ses fils. C'est une de nos joies de n'avoir pas trahi cette confiance. Il chercha donc d'un autre côté le moyen de réaliser des économies. Nous quittâmes le bel appartement de la maison de Vallongue pour aller habiter la fabrique, cette fabrique du chemin d'Avignon dont le toujours vivant souvenir a dicté à Alphonse Daudet le premier chapitre du *Petit Chose*.

Il y avait là de vastes pièces, de l'air, de l'espace; nous y étions confortablement installés. Nous nous y retrouvions, chaque soir, avec mon frère, au retour de l'école ; nous y passions les jeudis et les dimanches à courir dans les cours, sur lesquelles s'ouvraient les vastes ateliers déserts, à nous faire des retraites mystérieuses dans la machine à vapeur, réduite à l'immobilité, à nous rouler sur l'herbe du jardin, sous les figuiers, derrière les grands lilas. Cousins et cousines venaient y partager nos jeux ; nos rires bruyants formaient un étrange contraste avec les angoisses de nos parents, causées par ce calme maladif de la vaste usine où l'arrêt subit de la vie hâtait la ruine définitive de la famille.

Il y eut cependant quelques éclaircies dans ces tristesses. Ce fut d'abord le mariage de notre plus jeune tante, qui, après la mort du grand-père Reynaud, était venue vivre avec nous ; puis la naissance de notre sœur, qui fit luire sur toute la maisonnée un chaud rayon de soleil, et enfin l'arrivée d'un des oncles de Lyon qui s'installa sous notre toit.

Je ne sais par suite de quel arrangemen il devait avoir la direction de la fabrication et de la chambre des couleurs, le jour où les affaires reprendraient leur essor. Ce que je sais bien, c'est qu'en attendant ce réveil, qui ne vint jamais, il s'exerçait furieusement à ses futures fonctions.

Il avait apporté avec lui un grand nombre de volumes, illustrés pour la plupart. Il consacrait tout son temps à en colorier les illustrations. C'était une manie; il coloriait tout ce qui lui tombait sous la main; il coloria même une grammaire espagnole.

Ce brave homme adorait mon frère, se prêtait à toutes ses fantaisies; il poussait la faiblesse jusqu'à se faire le complice de ses fredaines, en l'aidant à les cacher, et même en m'en accusant. Un beau matin, las de colorier, il disparut, et nous ne le revîmes plus. Je crois bien qu'il a posé à son insu pour l'un des personnages du *Nabab*. Il y a dans ce roman un certain caissier de la « Caisse territoriale » qui lui ressemble terriblement.

VII

Un autre de nos souvenirs de cette époque, c'est celui des clubs. Notre père s'était toujours occupé de politique, en théorie bien entendu, sans l'ombre d'une ambition personnelle, encore qu'il eût pu, tout comme d'autres, obtenir un mandat de député. De tout temps, pendant les repas, quand le chapitre affaires était épuisé, la politique formait le sujet ordinaire de ses entretiens avec notre mère, ou, pour parler plus exactement, de ses monologues. Il la jugeait au point de vue de sa passion royaliste et n'admettait guère qu'on lui tînt tête.

Au petit cercle Cornand, où il allait tous les jours, il trouvait de braves gens pénétrés des mêmes idées que lui, un vieux magistrat surtout, qui exerçait sur son esprit une grande influence, parleur éloquent, expliquant les événements avec assez d'ingéniosité et s'exerçant à les prévoir.

C'est lui qui, profitant du passage à Nîmes d'un des fils du roi, alla déposer à son hôtel une carte sur laquelle il avait écrit ces vers :

> Prince, ne croyez pas que le Français oublie
> Les bienfaits dont il fut redevable à ses rois ;
> Ils sont, quoiqu'exilés, présents à la patrie
> Plus que l'usurpateur qui lui dicte des lois !

Et l'excellent homme était fier de ce qu'il considérait comme un acte de courageuse audace. Notez qu'il était magistrat inamovible. De tels traits peignent une race.

Notre père nous revenait du cercle tout plein de ce qu'il y avait entendu. Il nous le répétait, en y mêlant ses réflexions personnelles. Toute sa politique d'ailleurs se résumait en ceci : la révolution de 1830 avait été un crime ; la France serait malheureuse tant que les Bourbons n'auraient pas reconquis leur trône. Il fallait donc souhaiter et hâter la restauration du roi légitime.

A l'exposé de cette politique, il ajoutait ordinairement quelques dures vérités pour « ces révolutionnaires », à qui il se plaisait à attribuer sa ruine. Du plus loin qu'il nous souvienne, nous avons entendu parler de Genoude, de Lourdoueix, de Madier-Montjau, celui qui « avait demandé pardon à Dieu et aux hommes » de sa conduite en 1830, de Guizot, de Thiers, d'Odilon Barrot, et Dieu sait avec quelle amertume pour certains d'entre eux. C'est dans ces idées que nous avons été élevés.

Quand la révolution de 1848 eut créé à notre père des loisirs forcés, la politique l'absorba; elle était devenue l'unique préoccupation de tous les Français. Échauffourées locales, revues de la garde nationale, patrouilles nocturnes, anxiétés causées par les émeutes de Paris, incertitudes du lendemain, on ne parlait pas d'autre chose autour de nous.

Notre père fréquentait les chefs du parti royaliste. A l'approche des élections, ils lui demandèrent d'ouvrir ses ateliers à des réunions dans lesquelles leurs candidats viendraient se faire entendre. Il se prêta à leur désir. Pendant plusieurs soirs, en jouant dans le jardin, nous eûmes le spectacle de ces bruyantes assemblées dont nous ne nous expliquions ni la cause ni le but, et qui se résumaient pour nous en discussions tumultueuses, en interruptions passionnées, en vitres brisées surtout.

Après les élections, il fallut faire remettre aux fenêtres une centaine de carreaux. Il est vrai que la liste royaliste avait passé. Tout retomba ensuite dans le silence, et notre vie reprit sa physionomie accoutumée. Ce fut pour peu de temps.

A quelques semaines de là, la fabrique fut vendue à une communauté de carmélites, qui s'y établit et y réside encore aujourd'hui.

« Ce fut un coup terrible, a écrit mon frère... Dieu, que je pleurai! Je n'avais plus le cœur à jouer, vous pensez, oh! non!... J'allais m'asseoir dans tous les coins, et regardant tous les objets autour de moi, je leur parlais comme à des personnes; je disais aux platanes : — Adieu, mes chers amis; — et aux bassins : — C'est fini, nous ne nous verrons plus. »

La part faite à l'imagination du romancier évoquant, devenu homme, les souvenirs de ses jeunes années, ce qui est sincère dans ceux-ci, c'est l'expression de tristesse qui s'y trouve. Nous eûmes un amer chagrin en quittant les lieux où s'était écoulé, heureux et paisible, le meilleur de notre enfance. Nous allâmes habiter un petit appartement rue Séguier, tandis que notre père partait pour Lyon, où il voulait tenter la fortune.

Rue Séguier, nous eûmes vite fait de reconstituer notre existence de la fabrique. Là encore, nous avions un jardin, un vrai jardin avec des arbres, des fleurs, une serre abandonnée. Alphonse y retrouva sa cabane, ses grottes, son île de Robinson; une petite amie, fille du propriétaire, lui tint lieu de Vendredi. D'ailleurs, il commençait à ne plus prendre le même plaisir à ces jeux. Il leur préférait les bruyantes récréations de l'école Canivet, les gamineries avec les camarades, les niches faites aux voisins.

Parmi ceux-ci, se trouvait un vieux bonhomme qui vivait seul en sauvage dans une maison de mine mystérieuse, toujours close. Mon frère et l'un de ses compagnons trouvèrent drôle d'aller à la nuit, au retour de l'école, tirer la sonnette du solitaire pour disparaître ensuite, de telle sorte qu'en venant ouvrir, il ne trouvait personne.

Ce manége dura huit jours. Le neuvième, notre homme exaspéré se mit aux aguets; quand, le soir, les petits se présentèrent comme d'habitude pour tirer la sonnette, il ouvrit la porte, leur apparut terrible, et bondit sur eux, le sang au visage, aveuglé par la fureur. Ils prirent la fuite à toutes jambes, se jetèrent dans l'allée de notre maison, que la nuit remplissait d'ombre; grimpant vivement l'escalier, ils vinrent se réfugier chez nous, affolés par la peur.

L'homme les avait suivis dans l'allée obscure; mais il en ignorait les êtres; il s'engagea à droite, au lieu de s'engager à gauche, et dégringola, avec des cris de détresse, sur les marches qui conduisaient dans les caves. On accourut, on le releva à demi écloppé, on le reconduisit chez lui.

L'affaire n'eut pas de suites; mais on peut croire que dès ce jour la sonnette fut laissée en repos. J'avais été le témoin des angoisses et des terreurs de mon frère; je devins ainsi le confident de ses fredaines d'écolier, que je l'aidais à dissimuler à nos parents.

Cet épisode est le dernier de cette période de notre enfance. Au printemps de 1849, nous partîmes pour Lyon, où notre père avait trouvé une position lucrative.

Ma mère ne put se séparer de sa famille

et de son cher Nîmes sans un profond déchirement. Sa douleur jeta sur tout le voyage un voile de mélancolie, à travers lequel j'en revois encore les diverses circonstances, si propres à impressionner des enfants de notre âge : le trajet en diligence jusqu'à Valence, la monotone montée du Rhône en bateau à vapeur, l'arrivée à Lyon, notre course en fiacre sur les quais aux maisons hautes et noires, notre installation à un quatrième étage de la rue Lafont... Je peux, comme le Petit Chose, m'écrier aussi : « O choses de mon enfance, quelle impression vous m'avez laissée ! »

VIII

Lorsque aujourd'hui, séparé du temps que je raconte par près de trente années laborieusement remplies, embrassant du regard de ma mémoire cette longue période, je me demande quelle a été l'époque la plus triste de ma vie, tout mon passé déclare que ce fut celle de notre séjour à Lyon. C'est bien la même impression que je retrouve dans ce passage d'une étude de mon frère : « Je me rappelle un ciel bas, couleur de suie, une brume perpétuelle montant des deux rivières. Il ne pleut pas, il brouillasse; et dans l'affadissement d'une atmosphère molle, les murs pleurent, le pavé suinte, les rampes d'escalier collent aux doigts. L'aspect de la population, son allure, son langage, se ressentent de l'humidité de l'air. »

A côté de ces causes purement physiques de la tristesse qui s'éveille en moi au souvenir de Lyon, il en est d'autres, toutes morales, tout intimes, et qu'il me serait malaisé de taire ici.

J'allais vers mon adolescence. Mon esprit, mûri de bonne heure par le spectacle des malheurs de mes parents, s'était, pour me servir du seul mot qui rende exactement ma pensée, précocement virilisé et en même temps mélancolisé. Les perplexités de mon père, les larmes de ma mère, en tombant sur mon cœur, le disposaient mal aux récréations de mon âge.

Elles développèrent en moi une sensibilité maladive, dont je tenais le germe de ma mère. Je pleurais à propos de tout, pour le plus petit reproche, pour une question à laquelle j'étais embarrassé de répondre.

Personne n'y comprenait rien; je n'y comprenais rien moi-même, et j'eusse été bien entrepris pour expliquer le motif de mes larmes. Lorsque, dans le *Petit Chose*, mon frère a tracé le touchant portrait de Jacques, il s'est souvenu de ce trait de ma nature. C'est par là surtout que le pauvre Jacques me ressemble, bien plus que par les diverses aventures, de pure imagination pour la plupart, à travers lesquelles mon frère l'a fait se mouvoir, en s'attachant, avec l'éloquence d'un cœur reconnaissant, à dépeindre la sollicitude d'un aîné pour son plus jeune. Je dirai cependant, pour n'y plus revenir, qu'entre toutes ces aventures, il en est une rigoureusement vraie : « la scène de la cruche »

Nous étions si malheureux, nos entreprises réussissaient si mal, qu'on ne songeait guère à nous procurer des plaisirs. Les seuls qui nous fussent permis, parce qu'ils étaient à la portée de notre bourse quasi vide, consistaient en quelques excursions dans les environs de Lyon, aux Charpennes, à la Tête-d'Or, dans les bois de la Pape.

Ces bois, que je n'ai pas revus et qu'une ligne ferrée a détruits, me dit-on, étageaient sur les rives du Rhône leurs vertes splendeurs et nous révélaient, à nous petits Méridionaux grandis sous un soleil brûlant, dans des campagnes jamais arrosées, calcinées par ses feux, les beautés des prés, des eaux et des bois. Nous faisions à deux, Alphonse et moi, ces lointaines promenades; nous y puisions, dans des sensations de nature, cet amour des champs que nous avons également gardé.

Le dimanche, j'accompagnais mon frère aîné à Notre-Dame de Fourvières. Il m'avait communiqué quelque chose de sa ferveur religieuse; il m'entraînait à toutes sortes de pieux exercices chez les Jésuites, chez les Capucins; il me poussait vers le cloître. Nous ne nous entretenions guère que de la vie des bienheureux, de leurs mortifications, de leurs vertus, en gravissant les chemins escarpés de la colline sainte.

Nous nous arrêtions aux étalages des marchands d'objets de piété, où, sur des lits d'ouate, les crucifix d'ivoire, les médailles d'or et d'argent, les chapelets étaient entassés à côté des scapulaires, des livres d'heures, de mille brochures étranges, fruit d'un illuminisme maladif.

Au long des devantures, des couronnes

d'immortelles et de jais, des cierges en faisceau se balançaient au vent, heurtant les murailles tapissées d'estampes grossièrement enluminées. Ces estampes représentaient des scènes du Nouveau Testament, des portraits de saints, des allégories mystiques ; la collection de tous les champignons connus, vénéneux ou non ; un tableau de tous les accidents possibles, brûlures, piqûres, empoisonnements, complété par le moyen d'y porter remède ; le « Miroir de l'âme occupée par le péché », ce qui s'exprimait par un cœur au centre duquel un diable se tenait assis sur un trône, sceptre en main, avec des porcs à ses pieds.

Arrivés à la chapelle, aux nefs de laquelle étaient suspendus des milliers d'ex-voto bizarres, peintures grotesques, jambes et bras en cire blanche, nous assistions aux offices ; nous allions ensuite, tout pénétrés d'attendrissement extatique, nous asseoir sur la terrasse, d'où l'on découvre le plus imposant panorama : les cent clochers de Lyon; la place Bellecour et son square dominé par le monumental Louis XIV de Coustou; la Saône déroulant ses sinuosités entre les quais superbes, dominés d'un côté par les coteaux de Sainte-Foy, de l'autre par le rocher des Chartreux, premier contre-fort de la Croix-Rousse; puis, le populeux faubourg, avec l'empilement de ses maisons aux façades sombres, percées de mille fenêtres, encadrant les armatures des métiers à tisser et béantes comme des crevasses ouvertes sur des abîmes de misère; le Rhône, avec son flot jaunâtre, qui semblait entraîner dans sa rapide course, jusqu'à la Mulatière, où il reçoit la Saône dans son lit, tout un monde de pontons, plates et bateaux; les poutres enchevêtrées et vermoulues du pont Morand, les piles en forme d'obélisque de la passerelle du Collége, les arches noirâtres et massives du pont de la Guillotière; au delà du fleuve, de vastes plaines tour à tour nues et boisées, habitées et désertes, coupées çà et là par la masse des forts armés de canons, ou par les longs rideaux de peupliers au-dessus des routes vertes; et enfin, aux limites du paysage, une chaîne de petites collines servant d'assise aux montagnes plus hautes du Dauphiné, dont les crêtes neigeuses, noyées dans les vapeurs dorées du soleil couchant, rayaient l'horizon d'un zigzag d'argent.

Quelques mois après notre arrivée à Lyon, sur le conseil de mon frère aîné, qui allait commencer ses études ecclésiastiques au séminaire d'Allix, on nous fit entrer à la manécanterie de Saint-Pierre. A la condition de remplir l'office d'enfants de chœur, nous pouvions suivre là nos classes de grec et de latin. Mon pauvre père n'avait pas trouvé de moyen plus pratique pour nous faire continuer nos études sans bourse délier. Ce fut du temps perdu. Les cérémonies religieuses prenaient toutes nos heures; les études étaient reléguées au second plan.

Nous eûmes là toutes sortes d'aventures désastreuses; c'est l'époque de ma vie où j'ai le plus pleuré. J'étais d'une maladresse!... Je ne pus jamais apprendre à servir la messe du grand côté; un jour que je la servais tout seul, je m'empêtrai tellement dans le cérémonial, que je sonnai le *Sanctus* à l'Évangile, déroutant tous les fidèles.

Alphonse eut aussi ses malheurs : « Une fois, à la messe, en changeant les Évangiles de place, le gros livre était si lourd qu'il m'entraîna. Je tombai de tout mon long sur les marches de l'autel. Le pupitre fut brisé, le service interrompu. C'était un jour de Pentecôte. Quel scandale ! »

Le pis est que, dans le désarroi de cette étrange existence, mon frère devenait un petit bonhomme terriblement indiscipliné. Ne s'avisa-t-il pas un jour de creuser une mine dans l'armoire aux soutanes, et d'y fourrer de la poudre ! L'explosion fut formidable. Ce fut miracle qu'il n'y eut pas d'accident...

Peu de temps après, nos parents, ayant constaté que nous n'apprenions rien qui vaille, se décidèrent à nous mettre au lycée. Nous fûmes présentés au proviseur, et après un court examen, mon frère fut admis en sixième, tandis que moi-même j'allai en cinquième.

IX

Peut-être trouves-tu, lecteur, que je m'attarde à ces souvenirs de notre enfance. Il faut cependant que tu te résignes à en parcourir encore avec moi le mélancolique domaine. C'est le seul moyen pour toi de connaître dans quelles circonstances sont écloses la vocation littéraire de mon frère et la mienne.

Ces circonstances nous étaient toutes défavorables. Nous n'entendions jamais faire allusion aux choses d'art ou de littérature; la politique, des récits du passé, les mille incidents de notre existence, les affaires, les projets auxquels elles donnaient lieu, les soucis qu'elles engendraient, formaient le sujet ordinaire de nos entretiens de famille. Ma mère gardait pour elle les impressions de ses lectures, comme si elle n'eût osé nous faire l'aveu du plaisir qu'elle leur devait, l'unique plaisir qu'au milieu de ses maux il lui fût donné de goûter.

Ce n'est donc pas le milieu où nous avons vécu enfants, qui a déterminé notre vocation; il ne pouvait même qu'en comprimer les manifestations précoces et accidentelles. Mais il est probable que l'influence de ce milieu a été combattue et dominée par l'influence d'une mystérieuse hérédité; il est probable que nous tenions de quelqu'un de nos grands parents, Reynaud ou Daudet, cette soif de sensations intellectuelles, ce besoin de les exprimer par la plume qui nous était commun; que mon frère avait reçu de là ce don d'observation qui caractérise son talent, la délicatesse, la sensibilité, cet art d'écrire, de donner à sa plume la puissance du pinceau.

Ce trésor fécond, dont il a eu la pleine possession le jour même où, pour la première fois, il a fait acte d'écrivain, quelqu'un de ceux de qui nous descendons l'a-t-il possédé de même dans le passé? S'est-il formé, au contraire, par les apports partiels et successifs de plusieurs d'entre eux? Je l'ignore; ce qui est indéniable, c'est que les qualités que nul ne songe à contester à Alphonse Daudet, il les a eues tout à coup, en une fois, comme si, par une chance heureuse, il les avait trouvées dans les dentelles de son berceau.

Développées plus tard par un labeur

incessant, acharné, elles sont déjà dans les œuvres de sa jeunesse, avec moins de grandeur sans doute que dans celles de sa virilité; mais elles y sont; elles existent même dans l'unique roman de lui qui n'ait jamais été publié, — il avait quinze ans quand il l'écrivit, — et sur lequel je reviendrai tout à l'heure.

La vie de collége ne nous ouvrit pas des perspectives plus souriantes que celles qui, jusqu'à ce jour, avaient borné notre horizon : « Ce qui me frappa d'abord à mon arrivée au collége, a écrit le Petit Chose, c'est que j'étais seul avec une blouse. A Lyon, les fils de riches ne portent pas de blouse; il n'y a que les enfants de la rue, les *gones*, comme on dit. Moi, j'en avais une, une petite blouse à carreaux qui datait de la fabrique; j'avais une blouse, j'avais l'air d'un gone... »

Ce fut bien là notre première sensation, notre premier supplice, en entrant dans la vaste cour du lycée, tels que nous étions arrivés de notre Midi, vêtus comme étaient alors vêtus à Nîmes, ville un peu arriérée, les enfants de notre âge et de notre condition. Nous fûmes classés tout de suite parmi les pauvres diables dont les parents se saignent aux quatre veines pour payer les frais de leurs études. Les plus élégants de nos camarades dédaignèrent de frayer avec les nouveaux venus, affectèrent envers nous des airs hautains ou protecteurs. Un peu plus tard, on nous donna des costumes moins humiliants; mais l'effet avait été produit, et l'impression resta. Mon frère la combattit victorieusement, en gagnant pour ses débuts les premières places; et, dès ce moment, il fut un des plus brillants élèves du lycée.

Un singulier élève, par exemple! Au bout de quelques mois, l'école buissonnière était devenue pour lui une habitude. Nous avions dix classes par semaine; il était bien rare qu'il n'en manquât pas cinq ou six; et cela dura plusieurs années. Il en vint à ne paraître au lycée qu'aux jours de composition; ce qui ne l'empêchait pas d'être toujours classé parmi les premiers, surtout au fur et à mesure qu'il avança vers les hautes études.

Son intelligence émerveillait ses professeurs. Dès la troisième, il traitait en vers les sujets de discours français. Un jour même, il fut mis hors concours avec éloges. Son professeur ayant demandé une apologie d'Homère, il lui remit, au bout de deux heures, une ode qui fut un événement. En voici la conclusion, — j'ai oublié le reste :

Et dans quatre mille ans,
Au milieu des tombeaux et des peuples croulants,
Comme un sphinx endormi, colosse fait de pierre,
Tu pourras soulever lentement ta paupière,
Regarder le chaos et dire avec orgueil :
Au vieil Homère il faut un monde pour cercueil !

L'année suivante, il s'essayait dans un autre genre :

Rito, beau capitaine au service du doge,
Était un gai luron, l'œil bleu, le poil blondin,
Qui lorgnait gentiment une belle en sa loge,
Et qui portait toujours des gants en peau de daim.
Mainte fois, il avait tiré l'épée, et même
Il avait fait, dit-on, gras pendant le carême.
Dieu sait si les maris le redoutaient. Rito
Leur rendait fort souvent visite incognito.

Je crois bien que ce poëme, dont le début fut écrit, pendant la classe, en sténographie, pour le dérober au professeur, n'a jamais été achevé.

Je ne peux encore m'expliquer comment, étant donné l'existence désordonnée que mon frère menait alors, il a pu franchir avec tant d'éclat les étapes de ses études.

A de fréquents intervalles, un avis imprimé, signé du censeur, était déposé chez notre portier, à l'effet d'avertir M. Vincent Daudet que l'élève Alphonse Daudet, son fils, n'avait pas paru à la classe de tel jour. Grâce à mes précautions, ces avis m'étaient fidèlement remis. J'en atténuais les effets par des excuses bien senties, que je signais audacieusement du nom de notre père.

En ai-je rédigé, de ces excuses, en ce temps-là, afin d'éviter à mon frère des reproches mérités !

Ces reproches, j'essayais d'y suppléer par quelques timides conseils, auxquels il répondait en me promettant de ne plus recommencer.

Le malheur, c'est qu'il recommençait toujours. Il était pris dans l'engrenage d'une vie tout au dehors, quasi sans surveillance et sans entraves.

C'étaient des parties de canot sur la Saône, des fugues dans les vertes campagnes qui environnent Lyon, des haltes au cabaret, que sais-je encore? mille aventures propres à révéler son extraordinaire précocité. Inconsciemment, il récoltait là les ineffaçables impressions à l'aide desquelles il devait écrire plus tard des récits d'un vécu si pénétrant.

Il nous revenait moulu, pâle, les traits tirés, ivre de fatigue, de grand air, les yeux pleins de visions d'eaux tourbillonnantes dans le brouillard du matin. Comme il rentrait toujours en retard, je veillais anxieusement du côté de la porte, guettant son retour pour la lui ouvrir sans bruit, pour l'aider à fournir une explication à nos parents. Dès qu'il apparaissait, je l'avertissais à demi-voix de l'effet produit sur eux par son absence; il savait ainsi s'ils en étaient irrités ou si elle avait passé inaperçue, et nous improvisions à la hâte, selon la gravité des cas, un prétexte acceptable.

Un jour, il arriva fiévreux, chancelant, le regard troublé; on lui avait fait boire de l'absinthe. Terrifié, je l'adossai au mur de l'antichambre; les yeux dans les yeux, je lui dis :

— Prends garde, papa est là!

Il parvint à se dominer et fit bonne contenance devant nos parents. Il allégua, pour justifier sa rentrée tardive, qu'il avait été retenu au lycée par la visite d'un inspecteur général de l'Université.

— Mais tu dois mourir de faim, mon pauvre enfant, lui dit ma mère.

Mon père, attendri, observa qu'on faisait trop travailler ces jeunes gens. Pendant ce temps, vite nous dressions un

couvert sur un coin de table, et, quoique
écœuré, malade, n'en pouvant plus, le
pauvre garçon dut feindre un appétit vo-
race, manger et boire tout ce qu'on lui
servit, tandis que nos parents, assis à son
côté, le regardaient d'un air de pitié,
épiaient ses mouvements avec sollicitude.

Jeté, ayant treize ans à peine, dans
une telle vie, avec des enfants de son âge
dont l'influence et l'exemple l'entraî-
naient, comment n'y a-t-il pas laissé ses
belles qualités intellectuelles et morales,
la vivacité de son intelligence, la fraîcheur de son âme, la délicatesse de son
esprit, sa droiture native, la fleur de son
honnêteté? Presque tous les autres s'y
seraient perdus. Pour lui, l'épreuve que,
d'ailleurs, je ne conseillerais à aucun père
de tenter pour son fils, a donné des résultats contraires à ceux qu'il était logique
de redouter.

Le même phénomène s'est encore reproduit, quelques années plus tard, lorsqu'à dix-sept ans, libre et sans frein sur le pavé de Paris, il est descendu dans tous les antres de la bohème, parmi les paresseux et les impuissants, vagabonds de l'art, dont tout l'effort consiste à grossir leur nombre pour trouver chez autrui la justification de leur propre honte; bons, tout au plus, à calomnier le talent consciencieux et fécond, à se venger sur lui, en plates injures, des humiliations que leur vaut un incurable besoin de se vautrer dans une abjecte oisiveté.

Par deux fois, cette expérience, pour mon frère, a donné les mêmes fruits. De ce qu'il y avait de bon en lui, il n'est rien resté aux ronces des dangereuses routes qu'il parcourait. Il n'est même pas téméraire d'affirmer que, dans une large mesure, son talent a profité de ses découvertes et de ses sensations. Elles en ont hâté l'éclosion; loin de l'émousser, elles l'ont affiné, sensibilisé, jusqu'à lui donner la nervosité d'une corde de violon.

C'est en se reportant à ces années de misères désespérées, d'escapades périlleuses, de distractions maladives, revues, ainsi que dans un miroir, à travers le temps disparu, qu'il placera plus tard comme épigraphe, en tête de l'un de ses livres, cette phrase de madame de Sévigné : « C'est un de mes maux que les souvenirs que me donnent les lieux; j'en suis frappée au delà de la raison. » Il exprimera ainsi la douloureuse impressionnabilité à laquelle il a dû de conserver, robustement imprimés en lui, les moindres épisodes de son passé d'enfant, les plus tristes, plus vivants encore que les autres.

De ce qu'il a victorieusement affronté

tant d'expériences redoutables, on aurait tort de conclure que les incidents de sa vie à la diable me laissaient sans appréhension. A côté de l'angoisse de l'attente, qui s'emparait de moi quand il ne revenait pas à l'heure de la sortie du lycée, il y avait la crainte des accidents. Il était si téméraire, si dédaigneux du danger; puis sa myopie aggravait les risques.

Plus d'une fois, il lui arriva de jeter son canot sous les roues d'un bateau à vapeur, et comme au retour j'étais le confident de ses émotions, au moindre retard je le voyais toujours précipité dans cette Saône maudite, dont le lit, à travers Lyon, a tout le mouvement d'une rue populeuse.

C'était aussi la peur des voitures, des coups reçus dans quelque querelle... Ah! les tristes heures! En l'apercevant, j'oubliais tout; pourvu que nos parents ignorassent la vérité, je ne songeais qu'au bonheur de le retrouver sain et sauf. Je n'avais même pas le courage de le gronder. Si péniblement monotone était notre existence, que je comprenais qu'il cherchât au dehors des distractions.

Il est vrai qu'elles tournaient quelquefois en véritables gamineries. Il y avait parmi nos camarades un garçon bien élevé, d'un caractère un peu faible, qui se laissait entraîner comme lui dans les équipées que je viens de raconter. C'était le fils d'un honorable avoué de Lyon. Il nous était sympathique à tous, et depuis il a fait bravement son chemin dans le monde, sans que le souvenir des misères dont, enfant, il avait été victime, ait laissé aucune amertume dans son cœur; mais à cette époque, une taille qui n'en finissait pas, un long nez, de gros yeux ronds, un défaut de prononciation, et en même temps sa naïveté, en faisaient un objet d'impitoyable raillerie pour ceux dont il était devenu le compagnon.

Participant à toutes leurs fredaines, il était rare qu'il n'en portât pas seul la responsabilité. Après une escapade trop bruyante pour que les parents n'en eussent pas un écho, fallait-il trouver un coupable, c'est lui qu'on accusait, ou, pour mieux dire, qui s'accusait inconsciemment, sans le vouloir. Quand les circonstances innocentaient tous les autres, elles tournaient contre lui; quand tous s'échappaient, lui seul se faisait prendre.

Puis, ce fut bien pis. Ses camarades organisèrent une véritable conspiration contre son père, et trouvèrent plaisant de l'y associer. Décidément, cet âge est sans pitié. Un matin, l'honorable avoué vit arriver dans sa cuisine, située sur le même palier que son étude, une longue procession de petits marmitons, appor tant chacun un vol-au-vent. Les uns venaient du voisinage, les autres des quartiers excentriques. Ils se heurtaient dans l'escalier, se bousculaient, s'injuriaient, surpris de s'y trouver si nombreux. La cuisinière avait accepté le premier vol-au-vent, bien qu'elle ne l'eût pas commandé, puis deux, puis trois; mais devant ce débordement de vestes blanches, elle alla querir son maître. On voit la scène.

A cette époque, nous avions quitté l'appartement de la rue Lafont, à cause de l'excessive cherté du loyer. Nous habitions au deuxième étage d'une vieille maison de la rue Pas-Étroit, une rue mal pavée, débouchant sur les quais du Rhône, au long de laquelle le lycée élevait ses murailles noirâtres, en nous enlevant la lumière.

L'escalier était obscur et humide. Toutes les fois que le fleuve débordait, il arrivait dans notre rue, envahissait nos marches à une hauteur de plus d'un mètre; pendant trois jours, nous ne pouvions plus sortir de chez nous qu'en bateau. La façade de la maison gardait, dans sa partie basse, la trace de ces inondations fréquentes; — nous en eûmes deux en trois ans. La porte d'entrée était couverte de moisissures; l'allée avait des tons verdâtres; les plâtres s'effritaient partout.

C'était bien une maison faite pour de pauvres gens, malheureux comme nous l'étions alors. L'appartement était décent, spacieux et commode, mais le propriétaire le louait à bas pris, à cause de la physionomie lamentable de l'immeuble.

C'est là que nous logions quand éclata le coup d'État. Nous étions trop jeunes pour prévoir toutes les conséquences de l'événement. Nous ne le jugeâmes qu'au point vue des distractions qu'il nous apportait. La foule s'attroupait autour des affiches blanches contenant les proclamations et les décrets du prince président. En général, elle se montrait sobre de réflexions. L'heure n'était pas bonne pour les critiques. Le maréchal de Castellane, qui commandait à Lyon, avait mis la ville en état de siége. De nombreuses arrestations avaient été opérées. Les troupes campaient dans les rues, devant de grands feux, le long des quais du Rhône. A la tête des ponts, les canons étaient dressés en batterie. On attendait de ce côté une armée de « voraces », arrivant de Suisse; on s'apprêtait à les combattre.

La saison était déjà rigoureuse; les soldats grelottaient, la nuit venue, autour de leur bivouac; et comme, après tout, la population voyait en eux des défenseurs contre les dangers qu'on nous annonçait, elle les traitait en amis, s'ingéniait pour ajouter quelque douceur à leur ordinaire. Chez nous, on prépara tout exprès, pour le détachement de chasseurs de Vincennes qui campait devant la passerelle du collége, un gigot aux haricots que nous allâmes fièrement lui porter, Alphonse et moi, avec quelques bouteilles de vin, et qui fut reçu avec une joyeuse reconnaissance.

Le coup d'État fut pour notre père une rude déconvenue. Jusqu'à ce moment, il caressait l'espérance du prochain retour du roi.

Peu de temps avant, appelé à Paris par ses affaires, il avait été présenté aux chefs du parti royaliste. L'un d'eux, investi des pouvoirs de « Monseigneur », avait gravement recueilli sur ses tablettes le nom de Vincent Daudet, celui de ses fils, lui promettant, en récompense de sa longue fidélité, une position pour lui et pour eux, quand aurait sonné l'heure des légitimes revendications.

Un peu plus tard, un souvenir nous était arrivé de Frohsdorf; sur une feuille de papier blanc, un cachet à la cire rouge, formé de trois fleurs de lis, avec ces mots en exergue : « *Fides, spes* », et au-dessous, cette simple mention : « Donné à M. Daudet. Henri. » Il fallut renoncer au brillant avenir que permettaient d'attendre tant de promesses.

Un matin, dans le courrier, nous trouvâmes une protestation autographiée du comte de Chambord, qui commençait ainsi : « Français, on vous trompe! » Je la lus, d'une voix frémissante, à mon père encore au lit. Ma mère versa quelques larmes, larmes stériles! Nous avions franchi le seuil de l'Empire.

X

A cet appartement de la rue Pas-Étroit est associé le souvenir de quelques-unes de nos plus cruelles infortunes. Après la déception que je viens de raconter, ce fut une longue maladie de mon père, puis le départ d'Annette, une brave fille à notre service depuis plusieurs années, et qui nous adorait. Elle était dans le secret de nos détresses et travaillait avec un héroïque courage pour nous les rendre moins amères, en économisant nos ressources. Elle nous avait suivis à Lyon pour ne pas se séparer de nous, et quoique le climat fût meurtrier pour sa santé, elle nous demeurait fidèle. Pendant sa maladie, mon père la prit en grippe. Il fallut la faire partir. Après sa guérison, il déplora son injustice et voulut rappeler Annette. Mais elle avait revu le ciel de son pays et ne revint pas.

Deux ans auparavant, ne faisant rien qui vaille sur les bancs de l'école, tourmenté de je ne sais quel désir d'indépendance et d'émancipation, poussé par une forte volonté vers un travail lucratif, j'avais demandé à quitter le lycée pour apprendre le commerce, et obtenu de mes parents qu'ils exauçassent ma demande. Mon père, ayant besoin d'un aide, me garda près de lui; je fis mon apprentissage sous sa direction.

Continuant la fabrication des foulards, il avait établi son magasin de vente dans la pièce la plus vaste de notre apparte ment. Je la vois encore, cette pièce sombr où j'ai vécu si tristement pendant de long mois.

A droite et à gauche, de larges planches sur des tréteaux ; comme bureau, une tablette en chêne scellée sous la croisée ; accrochées au plafond, de gigantesques balances pour peser la soie ; le long des murs, quatre chaises, des étagères en bois blanc, où s'empilaient les pièces de foulards ; dans un coin, un vieux coffre-fort en fer, tout bardé de grosses têtes de clous, reste des splendeurs passées ; à cela se réduisait cette installation un peu primitive.

Que d'heures j'ai passées là à plier la marchandise, à écrire des lettres, à dresser des factures, à faire des emballages ! Nous peinions, mon père et moi, comme deux manœuvres. A moins de descendre les colis sur notre dos, je ne vois pas ce que nous laissions à faire au commissionnaire qui nous servait d'aide. Nous ne songions ni l'un ni l'autre à nous plaindre cependant; nous étions payés quand apparaissait un client.

Les clients n'auraient pas manqué, car les produits de la maison avaient la réputation d'être beaux, « soignés et pas cher ». Ce qui manquait, c'était l'argent, la mise de fonds, la possibilité de pourvoir aux avances que nécessitait notre industrie. A tout instant, il fallait restreindre la fabrication quand il eût été nécessaire de l'étendre. D'autres fois, quand on avait fait effort pour remplir les rayons, la vente s'arrêtait tout à coup, sous l'empire d'une crise accidentelle, et l'on restait sans rien recevoir, après avoir épuisé en avances toutes les ressources.

Que de soucis cuisants dans cette

marche cahotée entre la faillite et le protêts! Et les jours d'échéance, comment en raconter les angoisses? Ils arrivaient toujours trop tôt. Le petit carne sur lequel étaient inscrits les billets payer nous les rappelait sans cesse. O les voyait approcher, le cœur serré, comp tant pour y faire face sur un acheteu qui ne venait pas. Ils nous prenaien souvent au dépourvu. Alors on jetait e hâte dans une caisse cent ou deux cent pièces de foulards, un commissionnair chargeait le tout sur son dos, et l'on s'en allait chez des marchands dont tout l'industrie consistait à exploiter la gêne des fabricants aux abois. La honte a front, la rage au cœur, on leur vendait vil prix de quoi faire face à l'échéanc du jour. On ne s'enrichit guère à parei métier.

Lorsque tant de ruineuses opération

eurent creusé le gouffre où nous allions sombrer, vinrent les protêts, les protêts et leurs humiliantes suites. Un matin, — je m'en souviens comme si c'était d'hier, — vers sept heures, entrèrent dans le magasin trois hommes à mine obséquieuse. C'étaient un huissier et ses aides. A la suite d'un jugement prononcé par le tribunal de commerce, pour une traite impayée, ils venaient opérer une saisie.

Ma mère, souffrante ce jour-là, dormait encore; mon père se rasait devant la croisée du magasin; j'écrivais une lettre, et mon frère mettait la dernière main à ses devoirs avant de partir pour le lycée. On devine, sans qu'il soit nécessaire de le décrire, l'effet produit par l'apparition des recors dans notre intérieur, si paisible en sa monotonie.

Ce jour-là, pour la première fois, j'eus une initiative virile. Tandis que mon pauvre père, tout pâle, la moitié de la face couverte de savon, parlementait, son rasoir à la main, pour défendre son foyer menacé, je partis comme un trait pour aller chercher du secours.

Parmi les négociants de Lyon avec qui nous entretenions des relations, il en était un qui nous avait connus dans des temps plus fortunés. Nos malheurs ne nous avaient pas aliéné sa sympathie. Son nom s'était présenté tout à coup à ma pensée. J'arrivai chez lui, affolé.

— Monsieur, lui dis-je, venez chez nous tout de suite.

J'étais si bouleversé, si pâle, qu'il ne m'interrogea pas. Il prit son chapeau et me suivit. En route, je lui racontai ce qui nous arrivait, je lui dis ce que nous attendions de lui; il était l'ami de notre créancier; son intervention pouvait nous sauver.

En arrivant à la maison, il renvoya les huissiers, qui avaient, au grand désespoir de ma mère, commencé le récolement de notre mobilier, puis s'entretint avec mon père. Au bout d'une heure, nous recevions l'assurance que les poursuites ne seraient pas continuées, notre créancier consentant à nous accorder du temps pour nous libérer.

L'honnête homme à qui j'avais fait appel nous rendit ce service avec une simplicité discrète qui en accrut le prix. Il nous garda le secret, même vis-à-vis des siens. Bien des années après, en janvier 1871, traversant Genève, au lendemain de l'armistice, au moment où l'armée de l'Est venait de se jeter en Suisse, je rencontrai dans les rues de cette ville un pauvre petit lignard, hâve, déguenillé, traînant avec peine ses pieds meurtris. Il me reconnut et m'appela en se nommant. C'était le fils de notre sauveur. Je l'emmenai à mon hôtel; je lui donnai les soins que nécessitait son état, et le cher garçon ne se douta guère qu'au bonheur de secourir un soldat français se joignait pour moi la satisfaction de payer une dette sacrée.

Si, du moins, nos infortunes se fussent bornées à ces émouvantes épreuves! Mais elles allaient se compliquer, se prolonger encore, et le chapitre en est vraiment inépuisable.

Après le départ de la bonne Annette, renvoyée dans le Midi, comme je l'ai raconté, on l'avait remplacée par une laborieuse et solide Auvergnate. Mais si modique que fût la dépense qu'elle entraînait, il fallut y renoncer. Alors on prit une femme de ménage pour la grosse besogne; notre chère maman aventura ses blanches mains dans la cuisine et m'institua pourvoyeur.

MON FRÈRE ET MOI. 121

Chaque matin, après une rapide conférence avec elle, je m'en allais aux provisions, un panier sous le bras, un peu humilié de mon rôle, cherchant à me donner l'air d'un petit riche qui aurait joué au domestique. Il paraît que j'achetais très-bien. Au moment de partir, j'allais au coffre-fort pour prendre de l'argent.

Oh! ce coffre-fort, je le revois toujours! Il pouvait contenir en ses larges flancs une fortune, et, par une âpre ironie du destin, il était toujours vide. La clef restait sur la serrure, on négligeait même d'en fermer la porte. Sur l'une des tablettes dont il était intérieurement revêtu, mon père déposait de temps en temps une pile d'écus. Je tirais de là, tout perplexe; une sueur froide baignait mon front au fur et à mesure que s'abaissait le fragile édifice.

Un jour, le dernier écu de la dernière

pile ne fut pas remplacé. Il fallut recourir aux expédients, au mont-de-piété, où je portai successivement la vieille argenterie, les bijoux de ma mère, tout ce que nous avions arraché aux précédents naufrages. Dès ma première visite chez un commissionnaire au mont-de-piété, je l'avais intéressé à nos malheurs, en insistant fièrement, contre toute vérité, sur le caractère momentané de notre gêne. J'obtins ainsi d'être autorisé à entrer chez lui par une porte réservée, d'attendre dans une petite pièce, sans être mêlé à la foule des malheureux qui se pressaient à son guichet.

Ah! jours de noire misère, quel sillon vous avez creusé dans notre souvenir! de quelle maturité précoce vous avez revêtu notre esprit! Oui, à vivre avec l'adversité, nous sommes de bonne heure devenus des hommes. On le deviendrait à moins! Une âme d'enfant se trempe vite dans de si dures épreuves.

Mais l'expérience achetée à ce prix, par le sacrifice des illusions et des joies de la jeunesse, est si douloureuse que je ne souhaite à personne de l'acquérir si chèrement. Les soucis et les larmes de ce qu'on aime, la poursuite désespérée après l'argent, la détresse profonde et non avouée, la honte des sollicitations importunes, les courses matinales chez le curé de la paroisse, le premier et le seul à qui on ose tout dire, l'angoisse de l'attente succédant aux demandes, les réponses qui n'arrivent pas, l'incertitude du lendemain, l'horizon sans éclaircie... Lecteur, Dieu te garde de ces épreuves!

De cet acharnement de la mauvaise fortune, il fallut conclure qu'il n'y avait pas place pour moi dans le commerce paternel, qu'il était prudent de me laisser libre de gagner ma vie d'un autre côté. Je fus donc autorisé à chercher un emploi. J'en trouvai un d'abord au mont-de-piété de Lyon.

Il nous devait bien cela. J'y gagnais, comme surnuméraire, à raison de trois francs par jour, le pain que je mangeais chez mes parents. Assis entre deux préposés aux expertises, derrière un guichet, je remplissais sur leurs indications des reconnaissances. Que de regards navrés, que de figures allongées, que de pauvres mains amaigries, tendant honteusement un mince paquet de pauvres hardes, j'ai vus par l'ouverture carrée de la cloison qui nous séparait du public!

Le soir du jour où, pour la première fois, j'avais assisté à ce lamentable spectacle, je dis à notre mère :

— Il en est de plus malheureux que nous.

Au bout de quelques mois, je quittai

le mont-de-piété, malade, quasi empoisonné par l'air empesté que j'avais respiré, entre ces murailles imprégnées de toutes les odeurs malsaines qui se dégageaient des nantissements. Une position plus lucrative s'était offerte, une place de commis chez Descours, entrepreneur de roulage. On me mit pour mes débuts au service des lettres de voiture. J'en ai noirci des centaines, de ces feuilles revêtues du timbre impérial, en tête desquelles on lisait, imprimée en taille-douce, la vieille formule : « A la garde de Dieu, et sous la conduite de (un tel), voiturier... »

La tâche était dure; elle me retenait souvent jusqu'à une heure avancée de la nuit. Mais, du moins, la rémunération était proportionnée à l'ouvrage, le milieu plus humain, plus sain, moins triste que celui du mont-de-piété. M. Descours, un excellent homme, me témoignait des égards; mes collègues me traitaient comme un être supérieur à ma condition, accidentellement jeté parmi eux, destiné à les quitter un jour pour monter plus haut.

XI

Mon frère avait alors quinze ans ; — moi, j'en avais dix-huit ; — il finissait ses humanités. Tous les loisirs que lui laissait sa vie d'écolier, à la fois agitée et laborieuse, tous ceux que me laissait mon bureau, étaient absorbés par nos rêves littéraires.

Nous ne nous étions encore dit ni l'un ni l'autre que nous donnerions notre vie aux lettres. Mais il est remarquable que plus les circonstances s'acharnaient à nous éloigner de la carrière que nous avons ensuite embrassée, plus une vocation mystérieuse s'éveillait en nous et nous y préparait.

Cela datait déjà de notre arrivée rue Pas-Étroit. Là, sur le même palier que nous, habitait avec ses parents un jeune garçon de notre âge. Nous le connûmes au lycée avant de savoir qu'il était notre voisin. Quand nous nous fûmes liés, il nous avoua qu'il était poëte. Il avait composé déjà quelques centaines de vers. Il les collectionnait précieusement, copiés en belle anglaise sur un album à tranches dorées, à couverture de maroquin noir. Nourri de la lecture des *Orientales* et des *Odes et Ballades*, ses œuvres ne consistaient guère qu'en imitations plus ou moins réussies de Victor Hugo. Notre admiration ne fut pas refroidie pour si peu. Ses vers, nous les savions par cœur; nous les récitions avec lui :

En avant! en avant! Déjà la blonde aurore
A, de ses doigts rosés, entr'ouvert l'Orient!
En avant! en avant! Le ciel qui se colore,
De ses premiers rayons déjà jaunit et dore
    Le faîte ardoisé du couvent.

Mon frère avait déjà fait des vers. Encouragé par l'exemple du voisin, il continua à en faire. On peut en lire encore, qui datent de cette époque, dans les *Amoureuses*, où, trois ans après, il les a jugés dignes de figurer. J'y vins aussi. Sous l'empire de mes aspirations mystiques, qui laissèrent longtemps en moi une trace profonde, j'ébauchai un poëme sur la religion. L'unique strophe que j'en aie écrite figure tout au long dans le *Petit Chose;* elle y est si aimablement raillée que j'ai acquis le droit d'en parler sans rire.

Puis, après avoir dévoré les poëmes d'Ossian et les tragédies de Ducis, d'après Shakespeare, je voulus aussi écrire une tragédie. J'en composai le plan. Cela commençait dans une forêt de Cornouailles, le soir d'un combat. Mon frère me donna le premier vers :

Du sang! Partout du sang! Chaque arbre, chaque feuille...

Je ne pus jamais trouver le second. La tragédie en resta là ; je laissai les vers, et j'allai à la prose. Alphonse y alla de même, mais sans abandonner les rimes. C'est alors qu'il composa la *Vierge à la Crèche :*

> Dans ses langes blancs, fraîchement cousus,
> La Vierge berçait son enfant Jésus ;
> Lui gazouillait comme un nid de mésanges ;
> Elle le berçait et chantait tout bas
> Ce que nous chantons à ces petits anges !
> Mais l'enfant Jésus ne s'endormait pas !
> Estonné, ravi de ce qu'il entend,
> Il rit dans sa crèche, et s'en va chantant ;
> Comme un saint lévite et comme un choriste,
> Il bat la mesure avec ses deux bras,
> Et la Sainte Vierge est triste, bien triste,
> De voir son Jésus qui ne s'endort pas.

De la même époque datent aussi les *Petits Enfants :*

Enfants d'un jour, ô nouveau-nés!
Petites bouches, petits nez,
Petites lèvres demi-closes,
    Membres tremblants,
      Si frais, si blancs,
        Si roses!

Enfants d'un jour, ô nouveau-nés!
Pour le bonheur que vous donnez
A vous voir dormir dans vos langes,
    Espoir des nids,
      Soyez bénis,
        Chers anges!

Pour tout ce que vous gazouillez,
Soyez bénis, baisés, choyés.
Gais rossignols, blanches fauvettes,
    Que d'amoureux
      Et que d'heureux
        Vous faites!

C'est ainsi que mon frère préludait à tant de pages écrites depuis dans le tumulte des ardentes luttes engagées pour l'existence et pour la gloire, en plein Paris, en pleine modernité.

Il trouvait ces choses au retour d'une course en canot, au sortir de classe, ou encore, après quelque soirée fiévreuse, dans une chambre secrètement louée en commun avec ses camarades, afin d'essayer à Lyon l'apprentissage du quartier latin.

Pour la renommée de leur auteur, elles ont survécu au temps qui les vit naître. Mais où sont ceux qui furent avec moi les premiers à les entendre? Où sont-ils, ces compagnons des jeunes années, ces témoins de l'éclosion d'une âme de poëte, du déchaînement de nos passions naissantes, surexcitées par le travail précoce et maladif de nos imaginations d'adolescents, emportées vers le plus séduisant idéal? Nous en avons retrouvé quelques-uns. Mais les autres, sont-ils morts? Sont-ils vivants? Et s'ils vivent, ont-ils gardé mémoire de notre fantaisiste préparation à l'accomplissement des graves devoirs de la vie?

Antérieurement à cette envolée vers la

littérature, le goût des livres que nous avions tout enfants, comme l'avait eu notre mère, s'était développé en nous avec une rare puissance.

A la fabrique, au premier éveil de son intelligence, mon frère ne fermait guere son *Robinson Crusoé* que pour ressusciter dans ses jeux l'aventureuse épopée de son héros. Le souvenir d'un *Robinson suisse*, lu et relu bien souvent, inspirait aussi nos imaginations. La pièce de gazon devenait alors une île déserte, les pêches et les figues de l'espalier se transformaient en goyaves et en bananes, notre chien Lotan devenait un lion affamé et féroce. Toutes nos lectures furent de même mises en action, et notre esprit s'accoutuma ainsi à tout absorber, à tout retenir. En commençant à écrire, nous ne renonçâmes pas à lire, bien au contraire. Seulement, du *Collége incendié*, des *Petits*

Béarnais, du *Journal des Enfants*, nou passâmes à *Han d'Islande*, aux *Mystères de Paris*, aux *Burgraves*.

Il y avait alors, sur le quai de Retz, dans les bâtiments du lycée, au fond d'une boutique étroite, un bouquiniste nommé Daspet. Nous nous arrêtions chez lui de longues heures, debout devant les rayons tout chargés de volumes usés et poussiéreux. Il y en avait de tous les temps, des anciens et des modernes, des bons et des mauvais, les vieux classiques, les auteurs libertins du dix-huitième siècle, des romans, des livres de médecine, de science; nous feuilletions tout, debout, à la hâte, tournant rapidement le feuillet, cherchant des yeux le passage intéressant.

Puis nous fîmes quelques achats, des échanges, tout un trafic de librairie, qui nous procurait tour à tour Buffon, l'Arioste, Shakespeare, Boccace, Piron, l'abbé de Chaulieu, le vicomte d'Arlincourt, Lamartine, Chateaubriand, Pigault-Lebrun, les ouvrages les plus divers, dévorés plutôt que lus au gré de nos curiosités d'adolescents avides de pénétrer les secrets que ne nous avaient pas livrés nos études. Plus tard, quand mon frère m'eut quitté, comme je le raconterai bientôt, je continuai à lire, à acheter des livres, à l'aide d'économies laborieusement amassées, les œuvres des auteurs modernes, en livraisons illustrées par Bertall, Riou, Janet-Lange, Philippoteaux, Gustave Doré qui débutait à vingt ans, et cent autres. Je connus ainsi Balzac, George Sand, Frédéric Soulié, Eugène Sue, Léon Gozlan, Méry, Charles de Bernard, Alphonse Karr, Henry Murger. Puis ce fut le *Journal pour tous*. Il me révéla les romans anglais, Dickens et Thackeray, que mon frère ne devait connaître à Paris que plus tard; avec Champfleury, il m'initia aux procédés du réalisme, précurseur peu modeste du naturalisme et non moins bruyant que lui.

Enfin, avec la *Revue des Deux Mondes* et la *Revue de Paris*, communiquées par le cabinet de lecture, je connus Octave Feuillet, Amédée Achard, Louis Ulbach, et le maître, Gustave Flaubert, en même temps que Sainte-Beuve, Gustave Planche, Armand de Pontmartin, Fiorentino, Jules Janin, fixaient, au milieu d'indécisions et de tâtonnements, mes idées littéraires.

Pour compléter cette préparation inconsciente à notre entrée dans les lettres, les biographies d'Eugène de Mirecourt, dont le succès fut si vif en province, m'introduisaient dans le monde des écrivains, et, malgré ce qu'elles contenaient d'inexact ou de calomnieux, meublaient ma mémoire de mille traits propres à me familiariser avec la personnalité de ceux dont nous admirions les œuvres.

Que n'avons-nous pas lu en ces années lointaines! Le soir, quand tout reposait autour de nous, une lampe éclairait nos longues veilles, posée près du lit que nous partagions fraternellement. On nous croyait endormis; de sa chambre, notre mère nous interpellait à plusieurs reprises, afin de s'assurer que notre lumière était éteinte. Nous nous gardions de répondre; nous retenions notre haleine, nous tournions sans bruit les feuillets, et grâce à nos précautions, nous nous enfoncions librement, au lieu de dormir, dans les affabulations qui provoquaient peu à peu la fécondité de notre esprit.

Les relations politiques de notre père nous avaient ouvert les bureaux de la *Gazette de Lyon*. Ce journal, consacré à la défense de la légitimité, était dirigé par Théodore Mayery, un journaliste sans grande culture intellectuelle, mais d'un ardent et âpre tempérament. Il écrivait en un style cahoté, rugueux, tourmenté, chargé de scories, fruste comme son esprit, des articles à l'emporte-pièce, remplis d'aperçus neufs, d'une rare originalité.

Il avait sous ses ordres Paul Beurtheret, un aimable et bruyant Franc-Comtois, aussi lettré que lui-même l'était peu, cachant sous une gouaillerie de bon aloi une nature délicate, un cœur droit, une fière indépendance, une énergique sincérité de conviction.

Appelé à la direction de la *France centrale* de Blois, Paul Beurtheret vint plus tard à Paris, attiré par Villemessant, qui l'employa comme secrétaire de la rédaction du *Figaro*. Mais ses goûts de libre vie s'accommodèrent mal des nécessités du journalisme parisien, des exigences d'un métier assujettissant. Il avait la nostalgie de la province. Il partit et alla à Tours fonder l'*Union libérale*, un des plus brillants organes de l'opposition à la fin de l'Empire. Il fut tué dans cette ville pendant la guerre, le jour de l'entrée des Allemands, la tête emportée par un éclat d'obus. C'était pour nous un ami fidèle. Il avait deviné le talent naissant de mon frère et en ressentait quelque orgueil.

Autour de la *Gazette de Lyon* se pressaient les notabilités du parti royaliste : Léopold de Gaillard, que l'Assemblée nationale fit conseiller d'État ; Charles de Saint-Priest, l'ami et l'agent du comte de Chambord ; Pierre de Valous, conservateur de la bibliothèque du palais Saint-Pierre ; les deux Penin, le père et le fils, tous deux ciseleurs et graveurs sur cuivre ; le statuaire Fabisch.

Là nous rencontrions aussi Claudius Hébrard, un Lyonnais transplanté à Paris, où il était devenu le poëte attitré des réunions catholiques d'ouvriers. Barde unique de son espèce, envers qui le parti s'est montré ingrat, il allait dans les assemblées religieuses réciter des vers qu'il improvisait avec trop de facilité, et qui n'ont pas survécu aux circonstances qui les inspirèrent.

Quoique habitant Paris, Claudius Hébrard dirigeait un recueil mensuel qui paraissait à Lyon sous le titre de *Journal des Bons Exemples.* C'est ce qui l'attirait souvent dans sa ville natale. Il était alors dans tout l'éclat de son éphémère notoriété. Par suite de notre ignorance des degrés et des classements littéraires, il réalisait à nos yeux le type de l'écrivain arrivé.

Nous lui savions gré de sa bonne grâce

naturelle, qui le faisait nous traiter en camarades, nous jeunets, timides et obscurs. Il nous apportait une odeur de Paris que nous respirions avec délices.

XII

Introduits dans ce milieu, nous y trouvâmes un accueil sympathique, des encouragements, comme si nous allions devenir un des espoirs du parti. Chez Descours, j'avais écrit quelques articles de critique littéraire à la dérobée, par fragments, entre deux lettres de voiture. La *Gazette* les reçut et les imprima. Je fus dès lors tout à fait de la maison. Sur le conseil de Claudius Hébrard, je composai de même un roman dont j'ai tout oublié, jusqu'au sujet. Je l'envoyai au

Journal des Bons Exemples, qui ne le publia pas et négligea de me le rendre. En dépit de ces essais, ma famille ne croyait guère à ma vocation. Durant les rares loisirs que me laissait mon bureau, j'entendais mon père et ma mère me dire à tout instant : « Fais des chiffres. » Oh! les chiffres!

Plus heureux, mon frère, sous prétexte d'études, pouvait se livrer librement à ses penchants. Il en profita pour écrire à son tour un roman. Son œuvre était intitulée : *Léo et Chrétienne Fleury*. C'était l'histoire d'un jeune soldat jeté par un impérieux dévouement à sa famille dans une aventure considérée par ses chefs comme un criminel manquement à la discipline. Il périssait fusillé, presque sous les yeux de sa mère et de sa sœur, arrivées trop tard pour le sauver.

Le récit débutait par une douzaine de

lettres échangées entre le frère et la sœur. Tout ce qu'Alphonse Daudet avait de grâce, d'esprit, de fraîcheur de cœur, d'originalité de style, se retrouvait dans cette correspondance. Le récit qui formait la seconde partie était tout imprégné d'émotion, tout embaumé d'un suave parfum de jeunesse et d'attendrissement.

Mon frère lut ce roman, un soir, devant la famille assemblée. Nous pleurâmes tous en l'écoutant. Enthousiasmé, j'allai porter le manuscrit à Mayery. Il tomba des nues. Quoi! un lycéen de quinze ans avait écrit ces pages exquises! C'était à n'y pas croire. Il dut se rendre à l'évidence cependant et promit de publier le roman dans la *Gazette de Lyon,* aussitôt que l'auteur aurait fait un léger changement qu'il jugeait nécessaire à l'intérêt du récit.

A dater de ce moment, qu'advint-il du

chef-d'œuvre? Je l'ai oublié. Sans doute, Mayery le garda dans ses cartons, et comme nous fûmes empêchés de le lui réclamer par des incidents qui allaient hâter le cours de notre destinée, comme la *Gazette* fut ensuite supprimée, il est probable qu'il l'égara.

Quoique vingt-cinq ans se soient écoulés depuis, l'impression laissée dans ma mémoire par *Léo et Chrétienne Fleury* est restée assez vivante pour me donner le droit de dire que ce roman, s'il avait été publié, ne déparerait pas la collection des œuvres de mon frère. Le fait mérite d'être signalé. Il confirme tout ce qu'on sait du talent d'Alphonse Daudet, aux qualités duquel, lorsqu'on en étudie les origines et les premières manifestations, il convient d'ajouter une rare précocité. On peut voir dans ses livres d'autres études, vers ou prose, qui datent du même temps. A ne considérer que l'époque où elles furent écrites, elles sont d'un enfant; mais à les juger intrinsèquement, elles sont d'un habile ouvrier qui a acquis, sans effort, la science de son métier, et la possède, en quelque sorte, comme un don naturel.

Ce privilége, mon frère s'en est montré digne par l'ardeur de son incessant effort vers le mieux, par une défiance de lui-même qui le pousse à creuser, à ciseler ses inspirations avec une patiente ténacité, par un respect de son lecteur et de son talent qui le rend assez maître de lui pour qu'une page ne sorte de ses mains que lorsqu'il y a épuisé sa force de perfectionnement. Aussi n'a-t-il rien à regretter de ce qu'il a écrit. L'édition définitive de son œuvre, dont la publication vient d'être commencée sous une forme rarement employée par les écrivains encore vivants, contiendra tout ce qu'il a publié, tout sans exception. Lorsqu'il l'a préparée, il n'a rien eu à élaguer. Tout a été jugé bon pour y figurer. En ce temps de productions hâtives, improvisées sous l'empire de la nécessité, combien en est-il parmi nous dont les travaux pourraient subir cette épreuve?

Combien en est-il, je parle des plus renommés entre ceux dont la vogue a couronné le talent et consacré les succès, qui n'aient dans leur passé des livres trop vite conçus, trop vite achevés, qu'ils voudraient effacer de la liste de leurs ouvrages?

Combien en est-il qui ne s'attachent à ne compter leur œuvre qu'à partir d'une date relativement récente, antérieurement à laquelle ils avaient écrit des volumes qu'ils n'osent plus avouer et qu'ils ne consentiraient pas à réimprimer aujourd'hui? Le nombre est rare de ceux qui, servis par une heureuse fortune ou prévoyants dès le début de leur carrière, ont su conjurer ces périls. Alphonse Daudet est du nombre.

Et ce n'est point là le seul exemple de l'heureuse chance qui protégea son berceau littéraire. Il n'a pas eu de « premier livre », c'est-à-dire le livre à l'aide duquel, en rappelant son succès, la critique écrase ceux que publie ultérieurement le même écrivain.

Comme romanciers, les Goncourt, si grands déjà par leur œuvre historique, sont restés les auteurs de *Germinie Lacerteux*. Tant d'autres beaux romans sortis de leur plume audacieuse et novatrice n'ont pas égalé le souvenir de celui-là rappelé sans cesse dans la qualification attachée à leur nom.

Émile Zola pourra bien faire des chefs-d'œuvre; on lui objectera toujours l'*As-*

sommoir, le livre qui a fait sa réputation, caractérisé sa manière, épuisé ses procédés, et après lequel il ne pourra plus étonner personne.

Gustave Flaubert est mort, littérairement écrasé sous le fardeau du légitime succès de *Madame Bovary*. Ce fut même la grande douleur de la fin de sa vie. Il en était arrivé à s'irriter quand on lui parlait de son retentissant début. Après la publication de la *Tentation de saint Antoine*, Ernest Renan lui ayant adressé au sujet de ce livre une longue et éloquente lettre, en l'autorisant à la communiquer à un journal, il négligea de la livrer à la publicité, uniquement parce qu'elle se terminait par le vœu de le voir revenir au genre et au procédé auxquels il devait la gloire. Comme Renan s'étonnait de sa susceptibilité : « Mon cher, lui répondit-il, je n'aime pas les mauvaises plaisanteries. On me l'a déjà trop faite, celle-là Toujours *Madame Bovary!* »

« Celle-là », comme disait le pauvr Flaubert, « on ne l'a jamais faite, on ne l fera jamais » à Alphonse Daudet. Toutes les pages qu'il a écrites se partagent également la faveur du grand public. Ceux qui, tout en rendant hommage à son talent, contestaient sa puissance, sa fécondité, lorsqu'il n'avait encore publié que les *Lettres de mon moulin* ou les *Contes du lundi*, mettent maintenant sur le même rang, quelles que soient leurs préférences, le *Petit Chose, Tartarin de Tarascon, Fromont jeune et Risler aîné, Jack*, le *Nabab*, les *Rois en exil, Numa Roumestan*. Ils ne songent pas à déprécier l'un par l'autre ces livres si divers d'inspiration, mais dont la succession révèle chez l'auteur un effort nouveau, un progrès constant.

Cette conscience littéraire, si forte, si sévère pour elle-même, s'est éveillée chez mon frère en même temps que le talent. Elle explique ses procédés, son acharnement à perfectionner l'expression de sa pensée, ses luttes de toutes les heures avec les mots qu'il triture, qu'il pétrit, qu'il assouplit au gré de sa fantaisie.

« Le style embaume les œuvres », a-t-il écrit un jour. Aussi chacun de ses livres représente-t-il un travail quasi surhumain. Il est telle page facile, harmonieuse, où la phrase s'avance majestueuse, ainsi qu'un fleuve qui roulerait dans son lit des paillettes d'or, où ne reste aucune trace de l'effort qu'elle a coûté, et sur laquelle cet artiste admirablement doué, jamais satisfait, a sué, pâli, peiné jusqu'à demeurer brisé plusieurs jours par l'excès de cet effort.

Qu'on ne s'étonne donc pas s'il a conquis la fortune et la gloire. Elles représentent la récompense méritée par ce grand travailleur, qui a eu le courage, à ses débuts, de repousser les gains aisés à obtenir, de ne jamais sacrifier à l'improvisation, même quand, encore adolescent, il se débattait avec les difficultés matérielles de l'existence, et qui peut, à quarante ans, se flatter d'avoir fait du culte des lettres le but supérieur de sa vie.

XIII

Ainsi, l'amour inné des lettres déchirait notre sombre horizon; il y ouvrait une éclaircie lumineuse; il dorait le seuil de notre jeunesse et nous tenait lieu de toutes les joies dont nous étions privés. Ce n'était pas trop pour nous dédommager des angoisses que nous subissions dès que la famille nous reprenait.

De ce côté, les choses chaque jour allaient de mal en pis. Dans le courant de 1856, notre père dut abandonner les entreprises commencées. Après sept années d'un labeur sans trêve, elles n'avaient eu d'autre résultat que de créer un déficit qui nous écrasait. Étreints par les dettes, nous avions fait ressource de tout. Après avoir lutté désespérément contre la mauvaise fortune, Vincent Daudet était à bout. La gêne le paralysait. Il eut un moment l'espoir de trouver un bailleur de fonds qui l'eût aidé à continuer son commerce; mais ses recherches furent vaines· il y renonça.

Un matin, il vendit en bloc les marchandises qui restaient en magasin, apura ses comptes, demanda à ses créanciers et obtint d'eux des délais. Puis, il entra comme intéressé dans une maison de vins, où il eût abondamment gagné le pain des siens, s'il avait su se plier aux exigences de sa situation nouvelle. Mais une longue habitude de commander la lui rendit bientôt intolérable. La résignation ne tarda pas à lui faire défaut. Il partit alors pour Paris, où on lui faisait espérer une position plus conforme à ses goûts.

De ce moment jusqu'au jour où il fut permis à ses fils de lui assurer un repos cruellement et laborieusement gagné, à travers des infortunes imméritées, le pauvre père fut comme une hirondelle voltigeant éperdue dans les limites imposées à son essor, qui fatigue ses ailes et son regard à se heurter contre les murailles au delà desquelles elle sent le grand air, l'espace libre, et finit par tomber et mourir épuisée de son effort désespéré. Il essaya dix affaires, chercha des emplois dans le commerce, dans l'administration; il crut un moment tenir la fortune, avec une découverte industrielle qui depuis en a enrichi d'autres; puis ses espérances s'évanouirent, ses forces s'usèrent à porter le fardeau de sa détresse. Le découragement s'empara de lui; il dut se décharger sur nous du soin de rebâtir son foyer détruit. Il a goûté la joie de le voir réédifié. Ses dernières années ont été sereines, paisibles, embellies, malgré la longue maladie qui nous l'a ravi, par le bonheur de ses enfants, devenu son propre bonheur.

Lorsqu'il eut décidé d'abandonner son commerce, nous quittâmes la triste maison de la rue Pas-Étroit pour nous installer dans un modeste entre-sol de la rue de Castries, au centre d'un quartier aéré, riant, entre la place Bellecour et les allées Perrache. Nous étions en ce moment, Alphonse et moi, en pleine effervescence littéraire, tout heureux de commencer à donner libre carrière à nos aspirations.

Dans notre nouvel appartement, débarrassé du voisinage du magasin, des ballots de tissus, des piles de foulards, de tout ce qui nous eût rappelé les causes de notre ruine, il nous sembla que nous recouvrions quelque indépendance. D'un vigoureux effort, mon frère terminait ses études; moi, j'avais entrepris de compléter les miennes, en y consacrant tous les loisirs que me laissait mon bureau.

Nous avons alors joliment bûché tous les deux, heureux à ce point de notre travail volontaire, qu'en dépit du lamentable dénoûment de notre séjour à Lyon, ce temps nous paraît moins triste quand nous le revoyons à travers les souvenirs de la rue de Castries.

C'est là cependant que nous apprîmes la mort de notre aîné Henri.

J'ai dit plus haut qu'il voulait entrer dans les ordres et avait commencé ses études ecclésiastiques au séminaire d'Allix. Il y était resté peu de temps. En touchant au sous-diaconat, au moment de prononcer des vœux définitifs, son âme maladive, troublée par les excès d'une dévotion sans mesure, avait conçu des scrupules, des doutes sur la sincérité de sa vocation. Il nous était revenu, au grand dépit de mon père, qui ne comprenait rien à ses hésitations.

Pendant quelques mois, il avait vécu près de nous, cherchant à donner des leçons de piano, tenant accidentellement les orgues dans une des paroisses de Lyon. Puis, las de cette vie sans but, il était parti pour Nîmes, où l'abbé d'Alzon lui offrait une place parmi le personnel enseignant du collége de l'Assomption. J'ai conservé la plupart des lettres que notre pauvre Henri nous écrivait à cette époque. Elles sont pleines de tendres conseils pour Alphonse et pour moi. Elles révèlent une grande inexpérience de la vie, une manière de l'envisager à travers un mysticisme un peu étroit, qui cadrait mal avec les inexorables exigences qu'elle allait nous imposer dans un avenir prochain, mais aussi une âme d'une infinie bonté, toute pénétrée d'idéal.

J'ai toujours pensé que si mon frère aîné avait vécu, son esprit, en se virilisant, aurait secoué les préjugés et les doutes qui l'affaiblissaient, qu'il aurait laissé là ses velléités sacerdotales, et que son réel talent de musicien et de pianiste, en se développant, l'aurait aidé à trouver sa vraie voie, celle de l'art.

Un jour, une lettre de l'Assomption nous annonça brusquement qu'il était atteint d'une fièvre cérébrale. Ma mère partit sur-le-champ; mais elle arriva trop tard pour trouver son fils vivant. Elle eut pour unique et suprême consolation d'embrasser cette tête de jeune lévite, transfigurée par la mort, reposant toute blanche sur l'oreiller, dans un flot de cheveux noirs. Elle avait déjà tant souffert que cette catastrophe ne trouva pas place dans son cœur pour une plaie nouvelle. Celles qui depuis longtemps y saignaient se creusèrent un peu plus, et ce fut tout. *Mater dolorosa!*

La nouvelle de ce malheur fut apportée par une dépêche que mon père et Alphonse reçurent un soir, à la tombée de la nuit, et dont j'eus connaissance quelques instants après en revenant de mon bureau. Nous pleurâmes ensemble jusqu'à une heure avancée. Puis notre mère revint, et la vie nous reprit un peu plus tristes, un peu plus meurtris.

Notre unique distraction consistait alors à aller, durant les beaux jours, entendre la musique au square de Bellecour. Nous y trouvions Mayery, Beurtheret, Ludovic Penin. Nous nous promenions ensemble, déjà graves et attentifs, causant le plus souvent de littérature et d'art, pénétrés d'un sentiment de fierté, avec un précoce reflet d'hommes de lettres, qui n'était pas sans nous donner quelque orgueil. Depuis *Léo et Chrétienne Fleury*, Alphonse était considéré dans ce milieu. Quand il nous quittait pour rejoindre des camarades de son âge, on parlait de ses vers, de son talent; on attachait à son avenir de brillantes espérances; et nos parents sentaient leurs peines un moment allégées quand je leur répétais ce que nos amis disaient de leur jeune fils.

A propos de Lyon et de Bellecour, il m'est impossible de ne pas dire un mot du maréchal de Castellane, une des plus vives impressions de notre jeunesse. C'est « à l'heure de la musique » qu'il se montrait aux Lyonnais. On citait mille traits de sa vie présente et passée, qui déchaînaient autour de lui une curiosité poussée jusqu'à la fureur. Il était une des attractions de la promenade. Nous entendions tout à coup le tambour battre aux champs; le poste de Bellecour se mettait sous les armes, tandis que le maréchal descendait de cheval au coin de la rue Bourbon, toujours en grand uniforme, portant en bataille le chapeau à plumes blanches. Après avoir salué le poste, il se mêlait aux promeneurs, un lorgnon incrusté dans l'œil. Il avait des côtés singulièrement excentriques. Mais quel admirable soldat, et quelle belle vie de militaire que la sienne!

Mon frère quitta le lycée au mois d'août de cette année, n'ayant plus qu'à se présenter aux examens du baccalauréat. Malheureusement, de ce côté allait surgir une difficulté trop prévue, et l'impossibilité de la résoudre devait déterminer nos parents à prendre, en ce qui touchait mon pauvre Alphonse, une grave résolution.

Les frais d'examen représentaient à cette époque une somme relativement importante. Mon père aurait eu beau se saigner, il ne serait pas parvenu à se la procurer, encore moins à la distraire de son budget si rigoureusement limité aux plus pressantes nécessités de notre vie à tous. Il est vrai que son fils était encore assez jeune pour pouvoir attendre et retarder d'une année son examen. Mais jusque-là qu'allait-il faire?

Dans ces circonstances, arriva du Midi une singulière proposition. Un de nos parents conseillait à notre père de solliciter l'admission d'Alphonse au collége d'Alais, comme maître d'étude. Il s'était assuré que les portes de ce collége s'ouvriraient toutes grandes devant le petit-

neveu de l'abbé Reynaud, et que sa jeu
nesse ne serait pas un obstacle. L'enfant,
— car c'était un enfant, — pourrait préparer là ses examens, vivre une année
sans rien coûter à sa famille, et même réaliser quelques économies, quelle que fût
la modicité de ses appointements.

En d'autres temps, mon père et ma
mère auraient écarté résolûment cette proposition, bouleversés à la pensée de se
séparer de leur plus jeune fils, de le livrer
aux duretés d'une profession humble et
quasi méprisée. Mais, au point où nous
en étions, notre avenir les préoccupait
moins que les exigences immédiates de
notre vie au jour le jour.

Après tout, c'était une entrée comme
une autre dans l'enseignement! A ce collége d'Alais étaient attachés les plus doux
souvenirs de la jeunesse de ma mère. Elle
le revoyait toujours, tel qu'elle l'avait vu

jadis, quand l'intelligente et paternelle direction de « l'oncle l'abbé » le rendait florissant, en faisait un séjour aimable.

Ces considérations, jointes à la nécessité, décidèrent du sort de mon frère. Son départ fut résolu. Il accepta courageusement sa destinée nouvelle, heureux de venir en aide aux siens, enchanté d'abord de son premier voyage dans un inconnu dont il était bien loin de soupçonner les aventures.

Pour moi, cette résolution me consterna, encore que j'en comprisse la sagesse. L'idée de me séparer de mon frère déchirait mon cœur. Je le voyais si jeune, si pauvre d'expérience, si mal armé pour les épreuves qu'il allait subir!

Seize ans, une âme tendre, une imagination délicate, la faiblesse de son âge, une insigne maladresse devant les difficultés matérielles, une myopie désespérante, comment se tirerait-il d'affaire? Mais, hélas! mon impuissance égalait ma peine; il fallut bien se résigner.

« On commençait à être fait au malheur dans cette maison-là. Le lendemain de ce jour mémorable, toute la famille accompagna le Petit Chose au bateau... Tout à coup, la cloche sonna. Il fallait partir. Le Petit Chose, s'arrachant aux étreintes de ses amis, franchit bravement la passerelle.

« — Sois sérieux ! lui cria son père.

« — Ne sois pas malade, dit madame Eyssette.

« Jacques voulait parler, mais il ne put pas ; il pleurait trop. »

Oui, Jacques pleurait; mais ce n'étaient plus les larmes maladives de son enfance; c'étaient les larmes fécondes de sa précoce maturité, arrachées à ses yeux par le grand chagrin de cette séparation, le plus grand chagrin dont il eût encore souffert. A travers ses pleurs, il voyait l'avenir; et plus était douloureuse l'heure présente, plus il se rattachait à cet avenir avec confiance, formant, sous les coups mêmes de la défaite, des projets en vue de la revanche, auxquels était étroitement associé le compagnon que le rapide flot du Rhône emportait au loin.

« Le Petit Chose ne pleurait pas, lui. Comme j'ai eu l'honneur de vous le dire, c'était un grand philosophe, et positivement les philosophes ne doivent pas s'attendrir... Et pourtant, Dieu sait s'il les aimait, ces chères créatures qu'il laissait derrière lui, dans le brouillard. Dieu sait s'il aurait donné volontiers pour elles tout son sang et toute sa chair. Mais, que voulez-vous? la joie de quitter Lyon, le mouvement du bateau, l'ivresse du voyage, l'orgueil de se sentir homme, —

homme libre, homme fait, voyageant seul et gagnant sa vie, — tout cela grisait le Petit Chose et l'empêchait de songer, comme il aurait dû, aux trois êtres chéris qui sanglotaient là-bas, debout sur les quais du Rhône. »

XIV

Le départ de mon frère nous fit un peu plus tristes. Quelques mois s'écoulèrent sans nous apporter autre chose que les aggravations successives de notre infortune, les incessants témoignages de la rigueur avec laquelle nous frappait l'adversité. Les nuages qui depuis si longtemps s'amoncelaient sur notre horizon s'assombrissaient de jour en jour; une catastrophe devenait imminente. Je la sentais approcher, et je m'y préparais.

Après tout, dans la situation déplorable où nous nous trouvions, ne valait-il pas mieux que le sort épuisât sur nous ses fureurs en un dernier orage ? Quand il nous aurait définitivement abattus, quand il aurait dispersé les débris de notre foyer, il irait sans doute frapper ailleurs, en nous laissant libres de rebâtir ce qu'il aurait détruit.

Et puis, un désastre suprême nous arracherait aux incertitudes cruelles dans lesquelles nous nous débattions. Il faudrait alors prendre un parti ; je pourrais aller à Paris, ce Paris inconnu, où tant d'autres avant nous étaient arrivés obscurs, malheureux, déshérités, et avaient vu la fin de leur misère. Résolu à les imiter, j'entretenais fréquemment ma mère de mon dessein. Mais elle doutait de moi, ayant perdu jusqu'à la force de concevoir une espérance. Qu'irais-je faire à Paris ? Si encore j'avais un emploi assuré !

— J'entrerai dans les télégraphes, lui dis-je un jour, en me rappelant que nous comptions dans cette administration un vieil ami de notre famille.

Sur ces mots, elle envisagea plus tranquillement mon projet. Elle en entretint mon père pendant l'un des rares séjours qu'il faisait alors à Lyon.

— Il n'y a qu'à le laisser libre de suivre ses inspirations, répondit-il.

Dès ce moment, je ne songeai plus qu'à ce voyage et surtout aux moyens de l'effectuer, car c'était justement le côté le plus lamentable de notre état, de ne pouvoir exécuter un projet, quelque avantageux qu'il pût être, s'il exigeait une avance d'argent, même modique. Heureusement, — c'est bien à dessein que j'emploie ce mot, — la catastrophe éclata et me permit de réaliser l'idée que je caressais avec persévérance.

Depuis un an que nous habitions la rue de Castries, le propriétaire ne connaissait pas encore, comme on dit vulgairement, la couleur de notre argent. Il avait commencé par montrer beaucoup de patience. Ce qu'il savait de nous l'avait intéressé à notre sort, et lorsque, à plusieurs reprises, les quittances présentées par le portier lui étaient revenues impayées, il s'était contenté d'adresser à mon père une réclamation courtoise.

Mais cette patience ne pouvait durer toujours. Maintenant, nous lui devions trois termes, et l'échéance du quatrième approchait. Par son ordre, son régisseur vint les réclamer. Il entoura cette réclamation des formes les plus polies; mais, sous le gant, on sentait la main, sous la parole de l'homme du monde, l'exigence du créancier. Il avait été heureux de nous accorder des délais, parce que nous étions d'honnêtes gens, surtout parce qu'il croyait que notre gêne était accidentelle. Mais il ne pouvait attendre plus longtemps le payement de la dette contractée dans le passé, ni davantage nous laisser dans l'appartement si notre impuissance à en acquitter le loyer se prolongeait.

Cette mise en demeure nous trouva sans ressource. Lorsque, en l'absence de mon père, je recherchai avec ma mère comment nous pourrions y faire face, nous fûmes d'accord pour reconnaître que cela ne se pouvait que par la vente de notre mobilier. Le mobilier vendu, les dettes les plus pressantes payées, ma mère partirait avec sa fille pour le Midi, où l'une de ses sœurs lui offrirait asile. Moi, j'irais tenter la fortune à Paris et hâter notre réunion.

J'avais dans mon étoile, dans celle de mon frère, une foi si vive, j'exprimais mes espérances avec tant de conviction, que la chère femme ne put s'empêcher de les partager et y trouva quelque allégement à l'amertume de ces heures si cruelles. A peine conçu et approuvé par mon père, à qui une longue lettre en avait donné connaissance, ce projet héroïque fut mis à exécution. J'avertis Descours de mon prochain départ. Je lui annonçai gravement que j'allais faire de la littérature à Paris.

— J'avais toujours pensé que vous finiriez par là, me répondit cet excellent homme ; bonne chance !

J'allai ensuite trouver le régisseur de notre maison. Je lui fis part de nos résolutions, en le priant de nous épargner des poursuites judiciaires et de laisser à la vente de notre mobilier un caractère amiable. Il entra dans mes vues. Nous fîmes ensemble l'inventaire des objets qui garnissaient notre appartement. Il me permit d'en enlever un certain nombre, dont la dispersion eût déchiré le cœur de la pauvre maman, déjà en route pour le Midi. Je passai trois jours à les emballer afin de les lui expédier, exécutant cette besogne, la joie au cœur, un refrain sur les lèvres, convaincu que ce mauvais moment nous rapprochait de jours plus heureux.

La vente eut lieu. Elle dura toute une journée, dispersant en quelques heures les meubles au milieu desquels nous avions grandi, témoins insensibles de notre triste vie, à la plupart desquels était attaché un pieux souvenir.

Ainsi fut consommée la dispersion des ruines de notre foyer. Cette fois, c'en était bien fait de la maison familiale; il n'y avait plus qu'à la reconstruire ailleurs. Le soir de ce jour, les comptes furent réglés, et quand eurent été mises de côté la part des créanciers, celle de ma mère, il me resta quelques écus qui, ceux-là, ne devaient rien à personne et qui me permirent d'arriver à Paris, huit jours après, avec cinquante francs dans ma poche.

Durant la dernière semaine de mon séjour à Lyon, je vécus chez Paul Beurtheret, qui m'avait offert fraternellement la moitié de sa chambre.

Cette semaine fut consacrée aux préparatifs de mon départ. On m'avait dit souvent que, pour réussir à Paris, il était nécessaire de se montrer bien vêtu, de ne trahir sur soi aucune trace de misère. « Faites-vous envier, me répétait Beurtheret ; ne vous faites jamais plaindre. » Obsédé par ce conseil, j'avais commandé toute une garde-robe à mon tailleur, car, malgré ma pénurie d'argent, j'avais un tailleur, non pas un pauvre diable de portier, taillant du neuf dans du vieux, mais un tailleur élégant, hors de prix, réputé dans la fashion lyonnaise, qui m'avait ouvert un crédit sur ma bonne mine, en me promettant de nous le continuer à mon frère et à moi aussi longtemps que nous en aurions besoin.

La spéculation avait ses périls, car si nous étions morts en route, je ne sais trop par qui et comment ce brave homme eût été payé. Il n'a eu cependant qu'à se louer d'avoir cru en nous. Quand nous fûmes en état d'acquitter ses factures, il ne fut pas question, on le devine, d'opérer le moindre rabais. Grâce à sa confiance, nous avions pu, à peine arrivés à Paris, n'ayant encore ni sou ni maille, nous présenter dans des salons où commença la réputation d'Alphonse Daudet, où moi-même je contractai de précieuses amitiés.

On ne saurait payer trop cher de si

réels services. Mais n'est-ce pas un trai[t] de mœurs bien moderne que celui de c[e] fournisseur audacieux, jouant à pile o[u] face un gros sac sur l'avenir de deux pe tits inconnus, encore mineurs l'un e[t] l'autre, n'ayant aucun patrimoine à at tendre et aussi obscurs que nous l'étion[s] alors?

Et maintenant, c'en est fait de ce dou[-] loureux séjour de Lyon. Nous n'en parle rons plus, si vous le voulez bien. Tris[-] tesses, humiliations, déceptions, larmes sont restées là-bas, ensevelies dans l[e] brouillard du Rhône, entre les haute[s] maisons qui font les rues étroites, pro fondes comme des puits. Désormais notr[e] ciel va s'éclairer d'une ardente lueur d'es pérance, les voies vont s'élargir devan[t] nous, et nos longs efforts porter leurs pre miers fruits.

XV

Après un fatigant voyage en troisième classe, j'arrivai à Paris, le 1ᵉʳ septembre 1857, à cinq heures du matin. Descendu dans un horrible petit hôtel du quartier de la Bourse, j'arpentais le boulevard dès huit heures, en frac, en cravate blanche et en escarpins vernis, fringant comme un nouveau marié le jour de ses noces. Je déjeunai chez Tortoni. L'étude de l'addition me ramena à des idées plus modestes ; j'observai aussi que personne ne portait d'habit à cette heure matinale, et, dès le lendemain, je profitai du double enseignement de ma première journée dans Paris.

Je devais une visite à Claudius Hébrard. Il habitait rue de Tournon un élégant appartement de garçon. Justement, il partait le même soir pour Lyon, où il comptait rester tout un mois. Après m'avoir promené dans Paris, il m'offrit de m'installer dans sa demeure jusqu'à son retour. Grâce à lui, je vécus pendant la durée de son absence confortablement établi, comme un jeune fils de famille.

J'avais apporté deux lettres de recommandation : l'une de Paul Beurtheret pour son compatriote Armand Barthet, l'auteur du *Moineau de Lesbie;* l'autre de Léopold de Gaillard pour Armand de Pontmartin, dont j'avais déjà présenté les livres aux lecteurs de la *Gazette de Lyon*.

Barthet me reçut comme un vieil ami,

m'engagea à le voir souvent et m'autorisa à profiter de ses entrées à l'Odéon, où il n'allait jamais. Je dois cet aveu à M. de la Rounat, alors comme aujourd'hui directeur de ce théâtre : durant tout un hiver, j'ai assisté aux représentations, en jetant fièrement au contrôle le nom d'un auteur dont la grande Rachel avait déjà joué l'œuvre au Théâtre-Français. Ce qu'il y a de plus extraordinaire, c'est que mon extrême jeunesse ne surprit pas MM. les contrôleurs, et que lorsque, deux ans plus tard, j'obtins mes entrées pour moi-même, ils ne s'étonnèrent pas de me voir devenir Ernest Daudet, après avoir été si longtemps Armand Barthet.

Le comte de Pontmartin, ayant lu la lettre de Léopold de Gaillard, passa son bras sous le mien et me conduisit rue Bergère, au journal *le Spectateur*, feuille orléaniste qui avait remplacé l'*Assemblée nationale* précédemment supprimée. Présenté au brillant Mallac, directeur du *Spectateur,* je crus rêver quand il m'apprit qu'à la demande de Pontmartin, il m'engageait parmi ses rédacteurs, avec des appointements fixes de deux cents francs par mois. Deux cents francs! c'était mon pain assuré, c'était la certitude de pouvoir venir en aide à notre mère; c'était aussi la possibilité d'appeler Alphonse à Paris!

Et tout cela, dès le second jour de mon arrivée! N'avais-je pas raison de croire en notre étoile? Je pris possession de mon emploi quelques semaines plus tard. On me mit aux faits divers. Ma tâche était assez douce; elle me laissait des loisirs que je consacrais entièrement à l'étude. J'avais tant à apprendre!

Au bout d'un mois, le retour de Claudius Hébrard m'obligea à chercher un logement. Dans cette même rue de Tournon, se trouvait une maison meublée, vaste caserne d'étudiants, désignée sous le nom pompeux de « *Grand Hôtel du Sénat* ». C'est là que je louai, au cinquième étage, une misérable petite chambre, en mansarde : quinze francs par mois; ce chiffre a son éloquence. Une couchette en fer, une mauvaise commode servant de table de toilette, un secrétaire, deux chaises, un poêle en faïence tout ébréché, un lambeau de tapis sur les carreaux rouges, voilà mon ameublement. Par mon unique croisée, je ne voyais que toits, cheminées, lucarnes, et, dressant sur mon étroit horizon leur banale architecture, les tours rondes de Saint-Sulpice.

Lorsque pour la première fois, par un triste soir d'octobre, je me trouvai seul dans ce logement de pauvre, en quittant le moelleux appartement de Claudius Hébrard, la transition fut si cruelle, si profond le sentiment de ma misère, que ma jeunesse prit peur, affaiblie par l'isolement, par la tension de mon esprit, par l'excès du travail. Le père sans position, la mère si loin, dans une maison qui n'était pas sa maison, mon frère malheureux dans son collége, autant de visions douloureuses, brusquement ramenées devant mes yeux par l'aspect sinistre de ces murs, sur lesquels le papier peint, destiné à en cacher la nudité, flottait en longues déchirures. Je fus épouvanté par l'étendue de ma tâche, par le poids de ma responsabilité, et silencieusement je pleurai.

L'impression fut passagère, et ce fut le souvenir de mon frère, du bon compagnon dont je connaissais le talent, en qui j'avais foi comme en moi-même, ce fut ce souvenir qui la dissipa.

A la même heure, il souffrait bien autrement que moi. En quittant Lyon, il était allé passer quelques jours dans notre famille, à Nîmes d'abord, où des cœurs fraternels l'avaient tendrement accueilli; puis aux environs du Vigan, tout au fond des Cévennes du Gard, chez des cousines jeunes et belles.

Notre poëte de seize ans, qui dès cette heure chantait la beauté, la nature et l'amour, vit arriver trop vite, au gré de ses désirs, le terme de ses courtes vacances. Il fallut partir pour Alais.

Quand il vint frapper à la porte du collége, il était si petit, si timide, si frêle, qu'on le prit d'abord pour un élève. Le principal fut même au moment de le renvoyer.

« — Mais c'est un enfant! s'écria-t-il en bondissant sur son fauteuil. Que veut-on que je fasse d'un enfant?

« Pour le coup, le Petit Chose eut une

peur terrible; il se voyait déjà dans la rue sans ressource. Il eut à peine la force de balbutier deux ou trois mots et de remettre au principal la lettre d'introduction qu'il avait pour lui. »

Cette lettre fit merveille. Le souvenir de « l'oncle l'abbé » protégeait mon frère; on le garda. C'est ainsi qu'il commença à gagner son pain, pain bien amer, souvent trempé de larmes d'humiliation et de colère.

En des pages devenues populaires, il a raconté ses cuisantes douleurs. Ouvrez le *Petit Chose*. Le Petit Chose, c'est lui; Sarlande, c'est Alais; et dans toute cette partie de son roman, où son imagination a incrusté des perles fines sur un fond de vérité, il n'a eu qu'à se rappeler la lointaine réalité pour parer son récit d'une émotion sincère et forte.

Ses élèves, fils de paysans pour la plupart, ou gentillâtres mal élevés, prirent en haine ce petit « pion », si distingué, si fin, si fier, beau comme un jeune dieu, dont le regard disait l'intelligence, comme tous ses gestes révélaient sous des vêtements étriqués son élégance native. Sa délicatesse choquait leur grossièreté; leur brutalité raillait sa faiblesse. Il eût volontiers partagé leurs jeux; il ne demandait qu'à les traiter en camarades; ils l'exaspéraient par leur malice.

Ah! les méchants enfants! Un jour, ne s'avisèrent-ils pas de traîner au travers de l'escalier une vieille malle tout hérissée de clous. Il n'y voyait pas et se laissa choir, au risque de se tuer. Une autre fois, en promenade, il dut se colleter avec l'un d'eux, robuste gaillard qui s'était révolté contre son autorité. Le pire est qu'après ces algarades, le principal lui donnait toujours tort; il tenait à conserver ses élèves, et un « pion », cela se remplace.

Mon frère n'échappait à ces infortunes quotidiennes que pour tomber dans un humble milieu de province, malsain, envieux, perverti, grotesquement sceptique, joueurs de billard, culotteurs de pipes, piliers d'estaminet, bohème inintelligente et sotte, où à tout instant quelque piége était tendu à sa naïveté.

A quelles résolutions désespérées n'eût-il pas été conduit, si ce supplice avait duré ! La nouvelle de mon départ de Lyon en atténua la cruauté. Mon frère comprit qu'il n'avait plus longtemps à souffrir. Il tourna ses regards vers Paris. C'est de là qu'il attendait la délivrance et le salut.

Un jour, en réponse à une lettre plus navrée que les autres, je lui écrivis : « Viens ! » Et, tout meurtri, l'oiselet prit son vol pour venir chercher un refuge près de moi.

XVI[1]

A deux reprises, Alphonse Daudet a raconté son arrivée à Paris : une première fois dans le *Petit Chose;* une seconde fois dans le *Nouveau Temps,* journal de Saint-

---

[1] Arrivé à ce point de mon récit, je dois me rappeler que ce que j'ai voulu dire de la vie de mon frère, c'est ce qui nous est commun. Pour ce qui lui est personnel, je suis tenu d'être bref, afin de ne point devancer le récit qu'il en doit faire lui-même, soit dans ses mémoires, soit dans l'histoire de ses livres. Je n'en dirai donc plus que ce que je considère comme le couronnement nécessaire de ce que j'avais entrepris de faire revivre, ce qui doit montrer, après l'enfant timide dont mon fraternel crayon a tracé la physionomie fine et fière, l'écrivain en pleine possession de sa virilité.

Pétersbourg, qui a fait connaître ses œuvres à la Russie, et auquel il a donné, entre autres travaux, quelques-uns des épisodes de sa vie d'écrivain, écrits sous la forme autobiographique. Sauf en un petit nombre de détails, les deux récits ne diffèrent guère l'un de l'autre. Celui qui ressuscite en des pages émues la réalité tout entière, n'est pas moins attachant que celui qui n'a fait que s'en inspirer, en lui empruntant divers traits propres à figurer dans un roman.

Dans les deux, c'est la même scène : un enfant de dix-sept ans, malheureux et délicat, arrivant à Paris, estomac vide et bourse plate, curieux, avide d'inconnu, affamé de sensations nouvelles, tout plein de pressentiments d'avenir, mais rendu timide par l'excès de sa misère, au point de se défier de lui-même, de n'oser croire en son étoile, trop jeune encore, trop pauvre d'expérience pour mesurer la richesse du trésor intellectuel qu'il porte en soi.

Comme cadre à ce tableau, les premiers froids d'un rude hiver, — c'était le 1er novembre 1857, — deux nuits sur la dure banquette d'un wagon de troisième classe, l'atmosphère empestée de ce wagon, tout imprégnée d'odeurs d'eau-de-vie et de tabac; puis l'entrée dans Paris au petit jour, la réconfortante étreinte fraternelle, la course dans les rues de la ville qui s'éveille, les cahots du fiacre sur le pavé, et succédant aux impressions si profondes de cette arrivée, le saisissement causé par l'aspect de la petite chambre où désormais on vivra à deux de privations, de travail et d'espérance.

Je ne tenterai pas de refaire ce récit, encore que le souvenir de ces choses soit à jamais gravé dans ma mémoire. Je n'en veux retenir qu'un trait, le lamentable état dans lequel m'arriva mon frère.

Je le vois encore, exténué de fatigue et de besoin, mourant de froid, enveloppé dans un vieux pardessus usé, défraîchi, démodé, et pour donner à son équipement une physionomie tout à fait originale, chaussé, sur ses bas de coton bleu, de socques en caoutchouc, — ces caoutchoucs qui ont conquis quelque notoriété dans le monde depuis qu'ils ont inspiré l'un des chapitres du *Petit Chose*.

Heureusement, le tailleur de Lyon était là. Grâce à lui, Alphonse Daudet fut bientôt métamorphosé, ainsi qu'il convient à un jeune poëte qui ne croit pas que des haillons et des bottes éculées soient nécessaires pour marcher à la conquête de la renommée.

A cette époque déjà, il était beau, d'une beauté tout à fait invraisemblable : « Une tête merveilleusement charmante, écrivait quelques années plus tard Théodore de

Banville dans ses *Camées parisiens*; la peau d'une pâleur chaude et couleur d'ambre, les sourcis droits et soyeux; l'œil, enflammé, noyé, à la fois humide et brûlant, perdu dans la rêverie, n'y voit pas, mais est délicieux à voir; la bouche voluptueuse, songeuse, empourprée de sang, la barbe douce et enfantine, l'abondante chevelure brune, l'oreille petite et délicate, concourent à un ensemble fièrement viril, malgré la grâce féminine. »

Maintenant, qu'on se figure cet enfant de dix-sept ans, libre dans Paris, livré à lui-même, en butte à tous les périls qui dans une grande ville se dressent devant les jeunes, périls aggravés pour celui dont je parle par l'ignorance des mœurs qui se révélaient à lui, où tout devenait sujet de surprise, d'inquiétude et d'embarras!

Je partais tous les matins pour mon journal; nous ne nous retrouvions guère que le soir, et bien que vers ce temps quelques-uns de nos nouveaux amis, au courant des détails de notre existence commune, m'eussent surnommé « la mère », ma sollicitude était impuissante à le protéger autant que je l'aurais voulu.

Des premières semaines de son séjour à Paris, il a parlé dans les pages déjà publiées de ses Mémoires, avec une pénétrante mélancolie : « A part mon frère, je ne connaissais personne. Myope et maladroit, d'une timidité farouche, j'allais, aussitôt sorti de ma chambre, autour de l'Odéon, sous les galeries, heureux à la fois et effrayé d'y coudoyer des hommes de lettres. »

Cette solitude douloureuse ne dura pas. Il eut bientôt des camarades dans le quartier latin. Quelques-uns devinrent plus tard ses amis : M. Gambetta, qui faisait alors son droit et habitait le même hôtel que nous; Amédée Rolland, Jean du Boys, Bataille, Louis Bouilhet, Castagnary, Pierre Véron, Emmanuel des Essarts; d'autres encore, et parmi eux Thérion, le philosophe Thérion, qu'on rencontrait à toute heure avec un bouquin sous le bras, lisant tout, sachant tout, discutant de tout, gesticulant à propos de tout, savant rare, esprit troublé, âme fière, type inoubliable qui devait devenir plus tard l'Élysée Méraut des *Rois en exil*.

C'est avec plusieurs de ceux-là que mon frère fut jeté dans la bohème artistique et littéraire de ce temps, troisième génération de cette race si brillante après 1830, avec Théophile Gautier, Gérard de Nerval, Arsène Houssaye, les deux Johannot; déjà précipitée de ce piédestal vers 1850, quand Henry Murger en racontait la décadence, et définitivement déchue, ayant perdu toute poésie et tout attrait, à l'époque où nous arrivâmes à Paris.

Elle a eu depuis deux historiens. M. Jules Vallès y a puisé le sujet de ce livre saisissant : *les Réfractaires*. Mon frère y a connu les « ratès » décrits dans *Jack*. Personne n'a dit et ne dira comme lui ce qu'il y avait d'impuissance, de jalousie, d'étroitesse de vues, d'inconsciente perversité parmi ces pauvres diables que la paresse a vaincus sans combat. Qu'il ait passé au milieu d'eux sans rien perdre de son talent, sans y laisser la fleur de sa jeunesse, la fraîcheur de son esprit, la droiture de son cœur, cela tient du prodige, je l'ai déjà dit, surtout si l'on songe qu'il avait vingt ans.

Il a partagé souvent leur détresse, jamais leurs instincts désordonnés; toujours assez maître de lui pour étudier les causes de leur destinée, pour se défendre d'y succomber, visitant la caverne profonde sans cesser de tenir le fil conducteur qui devait le ramener vers la lumière, et, contrairement à ce qu'on pouvait craindre, rapportant de ce voyage des forces nouvelles ou, jusque-là, non révélées.

Dès l'hiver qui suivit notre installation à Paris, nous comptions déjà des relations dans d'autres milieux. Claudius Hébrard nous avait menés chez l'un des conservateurs de la bibliothèque de l'Arsenal, Eugène Loudun, écrivain du parti catholique, qui réunissait chez lui, une fois par semaine, quelques amis. Tous les arts et toutes les opinions étaient représentés dans ce salon, empli dès neuf heures du soir par la fumée des cigares qui montait le long des rayons chargés de livres, et où le temps se passait en bruyants entretiens, entièrement consacrés aux choses de l'esprit.

Il affectait même des airs de cénacle, ce

modeste salon d'où les femmes étaient absentes, ceux qui le fréquentaient se flattant d'être unis par une solidarité fondée sur des sympathies mutuelles, sur un désir commun de monter haut.

Là, nous rencontrions Amédée Pommier, poëte de grande race, déjà vieillard, débris des batailles littéraires de 1830; Vital Dubray, un statuaire de talent, qui expie sous la République les faveurs dont l'Empire l'avait accablé; Jules Duvaux, peintre militaire; Augustin Largent, âme tendre, un peu naïve, devenu depuis Oratorien; les deux Sirouy, dont l'un a peint, voici quelques années, les fresques du palais de la Légion d'honneur; Develay, « auteur dramatique », qui se faisait gloire de n'avoir jamais trouvé un directeur assez hardi pour jouer ses œuvres, bien qu'il eût déposé dans les théâtres de Paris plus de trente drames en vers, dont il nous débitait des fragments avec une fougueuse emphase; Henri de Bornier, timide et obscur, portant déjà dans son cerveau la *Fille de Roland,* son œuvre maîtresse; j'en oublie. Entre ces hommes, tous plus âgés que nous, nous étions des enfants; mon frère surtout, que son visage imberbe faisait paraître plus jeune encore qu'il n'était. Il préparait alors son premier volume : *les Amoureuses.*

C'est à l'Arsenal que nous pûmes juger de l'effet qu'allait produire ce début de poëte et d'écrivain. C'est là aussi que nous connûmes notre voisin, le libraire Jules Tardieu, poëte lui-même, qui voulut être l'éditeur du volume; là encore nous entrevîmes un soir Édouard Thierry, qui présenta un peu plus tard l'œuvre de mon frère aux lecteurs du *Moniteur officiel.*

Le salon d'Eugène Loudun nous en ouvrit d'autres. Chez madame Ancelot, chez madame Mélanie Waldor, chez madame Olympe Chodsko, chez madame Perrière-Pilté, qui s'exerçait au rôle de grande mondaine protectrice des lettres, mon frère disait les *Prunes,* les *Cerises, Trois Jours de vendange,* des prologues de comédie, vidant généreusement son écrin, sans cesse enrichi, devant les belles dames qui raffolaient de sa bonne grâce, de sa brillante jeunesse, de sa chaude voix de Méridional et de sa séduisante beauté. La publication des *Amoureuses* ne démentit pas cette impression. Ce joli livre, lancé par Jules Tardieu, sous une fine couverture blanche, imprimée en rouge, acquit sur-le-champ à Alphonse Daudet l'estime des lettrés et des délicats. Il fut rangé, du soir au matin, parmi ces débutants desquels on dit : « C'est quelqu'un. » Édouard Thierry, dans son feuilleton littéraire, lui consacra tout un long passage élogieux et éloquent. « Alfred de Musset, en mourant, disait-il, a laissé deux plumes au service de qui pourra les prendre : la plume de la prose et la plume des vers. Octave Feuillet avait hérité de l'une, Alphonse Daudet vient d'hériter de l'autre. »

L'excellent Édouard Thierry ne se doutait guère qu'il aurait à compléter plus tard cette flatteuse appréciation dont je reproduis l'esprit, sinon le texte, et qu'Alphonse Daudet deviendrait un des premiers prosateurs de son temps.

Cependant, cette brillante entrée dans les lettres ne nous apportait pas la fortune. Elle éclairait l'avenir d'un rayon d'espérance, sans alléger les soucis du présent. Nous faisions belle figure dans le monde; chez Augustine Brohan, où mon frère avait été invité un soir, on l'avait pris, la maîtresse de la maison elle-même, pour un prince valaque. Mais nous vivions toujours comme des étudiants besoigneux, n'ayant guère, pour nous suffire, que ce que je gagnais au journal.

Nous n'avions quitté notre mansarde de l'*Hôtel du Sénat* que pour remonter dans une autre et, grâce à la confiance d'un tapissier, nous mettre «dans nos meubles» sous les combles d'une vaste maison de la rue Bonaparte adossée contre Saint-Germain des Prés, de telle sorte qu'il nous était permis de nous faire illusion et de croire que nous habitions dans le clocher. Nous pouvions redouter d'être réduits longtemps encore à vivre de privations, et nous étions si jeunes, qu'en vérité, la perspective n'avait rien de trop décourageant.

Mais un brusque changement allait s'opérer dans notre existence, et je dois dire maintenant dans quelles conditions nouvelles il devait me trouver.

XVII

Le 14 janvier 1858, j'étais depuis plus de deux mois, on s'en souvient, attaché à la rédaction du *Spectateur,* quand eut lieu l'attentat de l'Opéra contre l'empereur. Le soir de ce jour, notre directeur politique, Mallac, envoya à l'imprimerie, pour le numéro du lendemain, un article appréciant ce grave événement et dans lequel il développait la thèse que voici : Ce n'est que sous les gouvernements despotiques qu'on pouvait voir des crimes tels que celui qui venait d'être commis par

Orsini. Le despotisme appelle et provoque la révolution. Protégés par leur droit héréditaire et l'amour de leurs sujets, les souverains légitimes, placés à la tête d'un pouvoir rigoureusement constitutionnel, n'ont pas à craindre les assassins.

Le double inconvénient de cette thèse éclate à tous les yeux. Elle est contraire à la vérité historique, et dans la circonstance, elle exposait le journal au moins à un avertissement, sinon à une suppression immédiate.

Les collaborateurs de Mallac lui en firent l'observation; mais il ne voulut rien entendre. Le gérant, représentant la propriété, ne fut pas plus heureux. Après avoir soutenu contre lui une discussion d'une extrême violence, Mallac passa une partie de la nuit à l'imprimerie, afin d'être assuré que son article serait publié.

Le lendemain, en arrivant au journal à

l'heure ordinaire, j'y trouvai la rédaction au grand complet, les membres du comité, les actionnaires, tout ce monde, la mine consternée. Un décret impérial, portant approbation d'un rapport du ministre de l'intérieur Billault, prononçait la suppression du *Spectateur,* en même temps que celle de la *Revue de Paris,* que dirigeaient alors Laurent Pichat, Louis Ulbach et Maxime Du Camp.

C'était un rude coup pour la politique fusionniste que représentait le *Spectateur;* mais c'était un désastre véritable pour mon frère et moi. Justement, j'avais obtenu qu'on essayerait de lui pour la chronique, et je ne sais même plus si son premier article n'était pas déjà fait.

Heureusement, le désastre fut bientôt en partie conjuré : l'*Union* héritait des abonnés et des rédacteurs du journal supprimé. Je fus ainsi versé dans la feuille légitimiste, avec des appointements, il est vrai, notablement diminués. — « Nous sommes pauvres », m'avait-on dit, — mais suffisants encore pour nous donner du pain.

Je restai là quelques mois ; puis on me demanda d'aller à Blois remplacer provisoirement le rédacteur en chef de la *France centrale*. Quand je revins, ma place était prise ; on ne me la rendit pas. J'en éprouvai une vive indignation. J'avais vingt-deux ans, beaucoup d'ambition, l'énergique volonté de contribuer à reconstruire le foyer détruit, et ce n'est pas en mourant de faim au service d'un parti qui ne savait même pas retenir les jeunes, ou en écrivant les Mémoires d'un vieux gentilhomme de la chambre de Charles X, dont j'étais devenu le secrétaire, que je pouvais réaliser mes desseins. L'Empire était en pleine prospérité ; il ne m'inspirait aucune répugnance. N'ayant pas connu les horreurs du coup d'État, je ne pouvais partager les rancunes des vaincus. Toute une génération, qui depuis a cruellement expié son erreur et son inexpérience, a pensé vers ce temps ce que je pensais moi-même.

C'est ainsi que j'allai frapper à la porte du vicomte de la Guéronnière, qui dirigeait alors le service de la presse au ministère de l'intérieur. Cet aimable homme, qui aurait laissé dans l'histoire de son pays une trace profonde, si son caractère eût été à l'égal de son talent, me reçut à merveille. Je lui contai mon cas, et quelques jours après, il m'envoyait à Privas pour y prendre la rédaction en chef de l'*Écho de l'Ardèche*, en me promettant de me rappeler bientôt.

Privas après Paris, une humble feuille de province après un des grands organes de la presse française, quelle chute! Et puis, quitter mon frère, quelle tristesse!

Il fallut se résigner cependant. Je partis, soutenu par l'espoir de revenir, consolé aussi parce que cet éloignement de Paris me rapprochait de ma mère, toujours à Nîmes, et d'un autre être cher à mon cœur, qui allait, à peu de temps de là, porter mon nom.

C'est à Privas que j'appris les débuts d'Alphonse Daudet au *Figaro*. J'avais connu Villemessant pendant mon court séjour à Blois, où il venait souvent. Invité à passer deux jours dans sa belle propriété de Chambon, je lui avais parlé de mon frère, qu'il connut bientôt et dont il prisa vite les qualités. Ce fut une grande joie. Le *Figaro,* c'était pour un écrivain comme une consécration, un brevet de talent, la porte des éditeurs ouverte.

Mon frère a commencé là sa réputation, d'abord avec des chroniques en vers, des études en prose, des scènes dialoguées : *le*

Roman du Chaperon Rouge, les Rossignols de cimetière, l'Amour Trompette; puis avec ces récits continués, là et ailleurs, pendant plusieurs années, empreints d'un charme si doux dans leur brièveté, qui lui ont créé, avant même qu'il songeât à écrire des œuvres de longue haleine, un rang à part dans la littérature contemporaine.

Ces fins morceaux, dignes de figurer dans un recueil classique, on peut les relire aujourd'hui dans les *Lettres de mon moulin,* dans les *Contes du lundi,* dans *Robert Helmont,* dans les *Femmes d'artistes,* dans les *Lettres à un absent.* Tenant à la fois de la fantaisie et de l'histoire, ils portent au plus haut degré la marque révélatrice de l'état de son esprit à l'heure où il les écrivit.

Tantôt il y laisse son imagination folâtrer à travers champs, butiner au gré de son caprice, sous le soleil, dans l'air tiède du Midi, tout embaumé de l'odeur des pins pignons, qu'il écoute chanter sur les sauvages rochers de Provence; tantôt il ressuscite les souvenirs de ses voyages, durant lesquels il a vu hommes et choses, avec le regard mystérieux et sûr de son esprit habile à les interroger et à les observer; tantôt enfin, au spectacle des malheurs de son pays, il laisse éclater son âme déchirée par une angoisse patriotique ou gonflée d'une sainte indignation. Rires et pleurs, la gamme est complète sur cet harmonieux clavier; toutes les notes y sont.

Là aussi, sont en germe quelques-unes des œuvres qu'il écrira plus tard : *l'Arlésienne, le Nabab, Jack;* on les y trouve en mille traits épars, sous leur forme première et résumée, telles qu'il les avait vues d'abord, avant que le travail de son esprit en eût tracé les lignes et classé les développements.

Le succès de ces études, qui n'ont guère d'analogue dans les lettres françaises, fut très-vif. Les échos m'en arrivèrent dans mon lointain exil, où mon frère me les confirma ensuite, en venant passer quelques semaines auprès de moi, et où, comme pour me prouver que la vie allait commencer à nous sourire, il m'apporta une grande nouvelle. Ayant eu l'occasion de rencontrer le comte de Morny, ce personnage, le plus puissant entre les puissants du jour, séduit par son talent, lui avait promis un emploi dans les bureaux de la présidence du Corps législatif, un de ces emplois que les grands seigneurs créaient jadis pour les gens de lettres pauvres, et qui permettaient à ceux-ci de travailler librement, dégagés des préoccupations de l'existence matérielle. Mon frère devait en prendre possession dès sa rentrée à Paris.

— Je suis légitimiste, avait-il objecté fièrement aux offres bienveillantes de son nouveau protecteur.

Et celui-ci de répondre en riant :

— L'impératrice l'est plus que vous.

C'est tout ce que je dirai des relations d'Alphonse Daudet avec M. de Morny, ne voulant par déflorer la partie de ses Mémoires qu'il y consacrera. La certitude d'être protégés par lui alluma nos espérances et nous fit voir l'avenir sous un jour tout rose. Le séjour de mon frère à Privas se ressentit de cette confiance. Nous passâmes là de belles vacances; nous fîmes ensemble de longues excursions dans les montagnes. Puis il me quitta pour aller à Nîmes, d'où il se rendit en Provence, dans l'hospitalière maison de Fontvieille, d'où pourrait être datée la première des *Lettres de mon moulin*.

C'est pendant ce voyage qu'il connut

Frédéric Mistral, Théodore Aubanel, Roumanille, tous les félibres, et se lia avec eux d'une amitié que le temps n'a pas ébranlée. En rentrant à Paris, il alla prendre sa place au cabinet du président du Corps législatif.

Dès ce moment, mes regards se tournèrent avec persévérance vers le Palais-Bourbon. Je périssais d'ennui à Privas; j'étais résolu à n'y pas prolonger mon séjour, et mon frère m'avait promis de m'aider à en abréger la durée. Justement, une occasion s'offrit bientôt à lui de tenir sa promesse; il s'en empara.

Le gouvernement impérial préparait alors les grandes réformes qui reçurent leur application au commencement de 1861 : une liberté relative allait être rendue aux Chambres. M. de Morny, comme président du Corps législatif, s'occupait d'augmenter le personnel des secrétaires chargés de la rédaction des comptes rendus des débats. Il y avait deux emplois à donner. Pour l'un, il avait déjà fait choix de Ludovic Halévy, qui préludait, par de modestes essais, à sa brillante carrière d'auteur dramatique; mon frère me proposa pour l'autre et me fit accepter, au moment où, sans attendre qu'il m'appelât, je venais d'arriver à Paris, poussé par le pressentiment de ma bonne fortune.

— Le président veut te connaître, me dit-il un soir; il te recevra demain matin à sept heures.

Vous pensez si je fus exact. A sept heures, un fiacre me déposait devant le perron de la présidence. Convaincu qu'on n'approche les grands de ce monde qu'en habit noir et en cravate blanche, je m'étais vêtu comme au jour de ma première course à travers Paris. On était en novembre; il ne faisait pas encore très-clair;

ma tenue ne produisit aucun effet dans les antichambres présidentielles; ou plutôt elle en produisit un déplorable, car ce ne fut qu'après que j'eus déclaré mon nom que les huissiers daignèrent se montrer polis. L'un d'eux me conduisit dans le « salon chinois » et me pria d'attendre.

Une merveille, ce salon, avec ses collections : ivoires et jades sculptés, bronzes ventrus, jonques et pagodes en miniature, chimères monstrueuses, dieux accroupis, paravents à ramages d'or. Le malheur est qu'on m'y oublia. A une heure, je n'avais pas été reçu. Mon estomac criait famine; j'allais de la croisée à la cheminée, de la cheminée à la croisée, dévoré d'impatience, moulu, le linge collé aux reins à force de m'être traîné sur tous les meubles.

Vint un moment où, n'en pouvant plus, je me mis devant une glace pour

« réparer le désordre de ma toilette ». J'étais en train de procéder à cette opération délicate avec la liberté d'un homme qui sait qu'on ne se souviendra plus de lui, quand soudain une porte s'ouvrit. Éperdu, je croisai mon habit sur mon gilet déboutonné; mais déjà je me retrouvais seul, après avoir vu passer un flot de soie, un profil de blonde et la fumée d'une cigarette. Je sus ensuite que c'était madame de Morny. Elle avertit son mari.

Il entra brusquement, serré dans son veston de velours bleu, sa calotte noire sur le crâne nu.

— Qui êtes-vous? Que faites-vous là?

Je me nommai.

— Ah! mon pauvre garçon, je vous ai oublié... Eh bien, votre frère m'a parlé de vous; vous voulez être secrétaire-rédacteur; il paraît que les questions politiques vous sont familières. Vous êtes nommé; allez voir M. Valette, le secrétaire général; il vous présentera à M. Denis de Lagarde, votre chef de service...

L'audience ne dura pas trois minutes. Mais je ne regrettai pas ma longue attente; elle m'avait porté bonheur. Je n'eus qu'à descendre à l'entre-sol pour rencontrer mon frère et lui annoncer la réussite de ses efforts. Il vivait là, côte à côte avec Ernest l'Épine, qui dirigeait alors le cabinet de M. de Morny et préparait dans ces graves occupations, agréablement entrecoupées de passe-temps artistiques, les futurs succès du très-spirituel Quatrelles. Il caressait à cette heure, avec Alphonse Daudet, les projets de collaboration qui se sont successivement réalisés avec la *Dernière Idole,* l'*Œillet blanc,* le *Frère aîné.*

Quelques fruits qu'elle ait donnés, cette collaboration n'a pu cependant convaincre Alphonse Daudet de l'efficacité du travail à deux, quand il s'agit d'œuvres littéraires. Il est resté persuadé qu'en dépit de la conscience de deux écrivains attelés au même livre ou au même drame, quand vient l'heure d'en recueillir le bénéfice moral, il y a un dupé, et, depuis ce temps, il a renoncé à toute tentative de ce genre. Il a recouru, il est vrai, aux bons offices de ses confrères, quand il a voulu tirer une pièce de *Fromont jeune et Risler aîné* d'abord, du *Nabab* ensuite ; mais il ne s'agissait là que d'un classement de scènes déjà faites, quelque chose comme un « dégrossissement », une mise au point, où la part du collaborateur était trop réduite pour qu'il pût s'élever un doute sur la véritable paternité du succès.

De mon entrée au Corps législatif, date ma véritable existence de Parisien, d'homme de lettres et de journaliste. Les sessions étaient brèves; elles duraient trois ou quatre mois, et me laissaient des loisirs entièrement consacrés à des travaux de plume.

Je me propose de raconter un jour ce que j'ai retenu de ce voyage de vingt années à travers le monde de la politique et de la presse. Je n'y veux faire allusion ici que pour rappeler un épisode de ma vie, auquel mon frère demeura étranger, et dont je ne parlerais pas, si plus tard on ne l'y avait associé, à propos de son roman : *le Nabab*.

En 1863, j'étais au Corps législatif depuis deux ans. Correspondant de deux grands journaux de province, j'appartenais aussi à la rédaction de la *France*, dirigée alors par le vicomte de la Guéronnière, et où je venais d'inaugurer les « Échos parlementaires ». Déjà mon nom avait acquis quelque notoriété; un bon vent enflait mes voiles; le foyer paternel était reconstruit; le mien s'élevait; c'est un des plus heureux moments de ma vie.

Au cours des élections générales qui eurent lieu cette année-là, je me trouvais à Nîmes, en vacances. Un de mes amis me conduisit chez « le Nabab », c'est-à-dire chez François Bravay. Il arrivait d'Égypte et se présentait aux électeurs de l'une des circonscriptions du Gard. Pour assurer le succès de sa candidature, il avait promis aux populations de ces contrées un canal d'irrigation qui devait fertiliser leur sol, stérilisé par le manque d'eau.

Cette promesse fut jugée plus tard par le Corps législatif comme une manœuvre électorale, dont le souvenir pesa toujours sur François Bravay, même lorsque, après deux invalidations successives, élu pour la troisième fois, il força les portes du

Palais-Bourbon. Elle était pourtant sincère. Il l'avait rendue effective en versant un million, en belles espèces sonnantes, pour pourvoir aux dépenses des premiers travaux. Il connaissait mes relations avec les journaux de Paris; il me demanda de soutenir sa candidature.

Puis, quand il eut été élu, porté à la Chambre par l'enthousiasme des populations qu'excitaient sa réputation de millionnaire et sa générosité, servies par une parole chaude, fruste comme sa personne, mais bien faite pour être comprise par des « ruraux », il me proposa de devenir son secrétaire politique. J'acceptai et n'eus pas à m'en repentir.

Je n'ai pas connu de plus honnête cœur. C'est un de mes regrets de n'avoir pas possédé l'influence nécessaire pour lui imposer mes conseils et lui faire comprendre combien valaient peu quelques uns de ceux qui l'entouraient. Ses fréquents voyages en Égypte, l'emballement de son existence toujours tiraillée entre les solliciteurs et les besoins d'argent créés par leurs exigences, faisaient le plus souvent de ma fonction près de lui une véritable sinécure. Mais, tant qu'il est resté député, il ne me l'a jamais rappelé; il s'est toujours souvenu de l'ardeur avec laquelle j'avais embrassé ses intérêts.

Parmi mes amis, il est un de ceux à qui je me suis le plus passionnément dévoué, et je n'ai jamais cessé de croire qu'il était digne d'inspirer cette sympathie. Son malheur a été, parti de très-bas, de s'être enrichi trop vite par des procédés familiers à tous ceux qui sont allés chercher fortune en Orient, d'être revenu en France sans rien savoir de Paris ni du milieu nouveau dans lequel il allait vivre, et où, pour cette cause, il devait se ruiner aussi vite qu'il s'était enrichi là-bas.

Le portrait que mon frère a tracé de lui, dans un livre inoubliable, ne me laisse rien autre à dire, si ce n'est qu'en parlant de l'exquise bonté de cette âme toute naïve, en dépit des apparences contraires, l'auteur du *Nabab* n'a rien exagéré. Pour ceux qui ont connu et aimé François Bravay, le roman dont il est le héros est l'œuvre la mieux faite pour rendre hommage à sa mémoire et la venger de calomnies ineptes. Il suffit pour s'en convaincre de lire la dernière phrase : « Ses lèvres remuèrent, et ses yeux dilatés, tournés vers de Géry, retrouvèrent, avant la mort, une expression douloureuse, implorante et révoltée, comme pour le prendre à témoin d'une des plus grandes, des plus cruelles injustices que Paris ait jamais commises. »

Comment donc se peut-il qu'une malveillance calculée ait tenté de faire accroire que tant de pages éloquentes constituaient une insulte à cette mémoire, et qu'un moment les proches de François Bravay aient partagé cet injuste sentiment? Je ne suis pas encore parvenu à le comprendre.

Mais ce qui est plus grave, c'est qu'ils aient voulu prouver que mon frère avait commis un acte de noire ingratitude. A l'époque où il eut à se défendre sur ce point, il me pria de ne pas intervenir. Cette polémique toute personnelle, étrangère au mérite intrinsèque de son œuvre, blessait trop ses délicatesses littéraires pour qu'il voulût la compliquer de mon intervention.

Mais, aujourd'hui, j'ai recouvré la liberté de dire qu'Alphonse Daudet n'était engagé avec François Bravay par aucun souvenir qui entravât son droit de romancier. C'est à peine s'il l'avait vu à deux ou trois reprises, et encore que cette vision rapide lui eût suffi pour juger l'homme et son milieu, complétée par ce qu'il en savait déjà ou ce qu'il en apprit ensuite, elle ne pouvait être assimilée à un de ces services qui condamnent au silence celui qui l'a reçu. Mon frère pouvait donc écrire le *Nabab,* quand moi-même, si j'avais eu le talent pour le faire tel, je l'aurais fait et signé sans croire manquer à un devoir.

XVIII

Pendant l'année 1861, la santé de mon frère, ébranlée par les violentes secousses de la vie de Paris, fut assez sérieusement atteinte. Le docteur Marchal de Calvi, grand ami des lettres et des écrivains, lui donnait des soins. Il l'entourait de sollicitude et d'attentions, comme fait un jardinier pour une fleur rare. A l'approche de l'hiver, il lui déclara tout net qu'il fallait partir, aller chercher la vie au pays du soleil, que c'était l'unique moyen de ne pas compromettre irréparablement l'avenir. L'arrêt était formel. Mon frère obéit et partit pour l'Algérie, où il passa plusieurs mois.

Il m'a bien souvent raconté les péripéties de ce voyage, qui a laissé dans son esprit et dans ses œuvres une empreinte profonde; son séjour à Alger, ses excursions dans les provinces, ses visites chez les chefs arabes, ses longues courses à travers les montagnes, à cheval sur une mule, et portant, attaché aux épaules par une courroie, un bidon rempli d'une certaine huile de foie de morue, qu'il était obligé de prendre à fortes doses.

Du traitement qui lui était ordonné, il n'observa guère que cette prescription. Quant à celle qui le condamnait au repos, il l'observa en se surmenant, en se dépensant, en courant de droite et de gauche, cherchant des sensations, heureux de ses découvertes, observant, écrivant chaque soir ses impressions du jour sur les petits cahiers qu'il collectionne depuis vingt ans et où se trouve en germe toute son œuvre passée et future.

« Sur ces cahiers, dit-il dans la préface de *Fromont jeune et Risler aîné,* les remarques, les pensées n'ont parfois qu'une ligne serrée, de quoi se rappeler un geste, une intonation, développés, agrandis plus tard pour l'harmonie de l'œuvre importante. A Paris, en voyage, à la campagne, ces carnets se sont noircis sans y penser, sans penser même au travail futur qui s'amassait là ; des noms propres s'y rencontrent quelquefois, que je n'ai pu changer, trouvant aux noms une physionomie, l'empreinte ressemblante des gens qui les portent. »

Quand, au printemps, mon frère revint d'Algérie, sa santé, quoique nécessitant encore des ménagements, ne nous inspirait plus d'inquiétudes ; les carnets s'étaient enrichis d'une multitude d'indications précieuses. Une jolie étude sur Milianah, qui a trouvé place dans les *Lettres de mon moulin;* un conte, *Kadour et Katel,* dans *Robert Helmont; Un décoré du* 15 *août,* le petit Arabe Namoun, du *Sacrifice,* et enfin l'immortel *Tartarin de Tarascon,* voilà ce qu'Alphonse Daudet rapporta d'Algérie ; riche butin, comme on voit, sans compter des visions de soleil, de paysages et de ciels bleus, dont son cerveau a gardé la féconde lumière.

En son absence, l'Odéon avait joué de lui la *Dernière Idole,* ce drame en un acte écrit en collaboration avec Ernest L'Épine. Quand mon frère était parti pour Alger, les répétitions de sa pièce allaient commencer ; son collaborateur devait les diriger ; mais il tomba malade au même moment, et j'eus la mission de les suivre. Tisserant, qui jouait le principal rôle, s'était chargé de la mise en scène. Mademoiselle Rousseil faisait ses débuts dans le personnage de la belle madame Ambroy, et, quoiqu'il ne s'agît que d'un acte, le théâtre comptait sur un succès.

Nos espérances communes ne furent pas trompées. Ceux qui assistaient à la première peuvent s'en souvenir. Si j'invoque leur témoignage, c'est pour prouver que je n'exagère en rien. Les vieux auteurs levaient la tête en disant : « Ce n'est pas du théâtre! » mais ils applaudissaient tout de même. Je vois encore Paul de Saint-Victor assis dans sa loge et battant des mains.

La salle était des plus brillantes. On savait que M. de Morny s'intéressait aux auteurs. Il était là, un peu surpris des chaleureuses approbations du public, sans bien comprendre ces scènes toutes d'émotions faites cependant pour arracher des larmes aux plus sceptiques ; mais sa femme, enthousiasmée, y brisa son éventail. Dès le lendemain, j'expédiais à mon frère la nouvelle de son succès. Elle lui parvint au fond de je ne sais quelle contrée lointaine. Il m'a dit depuis qu'au milieu des péripéties de son splendide voyage, elle le laissa tout à fait insensible, tant Paris lui semblait en ce moment petit, éloigné et oublié.

L'année suivante, Marchal de Calvi exigea encore qu'il partît à l'approche des froids. Cette fois, il alla en Corse. Là, d'autres émotions l'attendaient. On en retrouve la trace dans ses contes ; — lisez *Marie Anto*, le *Phare des Sanguinaires*, l'*Agonie de la Sémillante*, — et enfin le *Nabab*, où les souvenirs d'Ajaccio ont manifestement inspiré les combinaisons financières du coquin Paganetti et les scènes électorales racontées par Paul de Géry.

Après deux hivers passés ainsi loin de Paris, mon frère n'avait plus qu'à reprendre son train de vie; l'air tiède du Midi ne lui était plus indispensable. La prudence seule lui suggéra l'idée de s'éloigner de nouveau à la fin de 1863; mais il s'arrêta en Provence. Le séjour qu'il y fit fut laborieux. Il suffit de parcourir ses livres pour s'en convaincre.

C'est surtout à partir de cette époque que le Midi et les Méridionaux sont entrés dans son œuvre. C'est à cette époque qu'il les a étudiés dans les paysages, dans la vie sociale, dans les mœurs, complétant l'observation quotidienne par le souvenir du passé, adaptant un trait saisi sur le vif à quelque personnage entrevu là ou ailleurs, se faisant l'historien des passions et des habitudes d'une race, comme d'autres se font les historiens des événements d'un pays.

Avec son procédé de ne rien décrire que ce qu'il a vu, de ne rien raconter que ce qui est arrivé, de tout emprunter à la réalité, affabulations, descriptions, personnages, toute découverte nouvelle faite par lui à travers les aventures des hommes, tout événement intérieur qui se passe sous ses yeux, sont autant de filons qui tôt ou tard enrichiront son domaine intellectuel. Je crois bien que c'est surtout à l'époque de son séjour en Provence qu'il a mesuré la puissance féconde de ce procédé, et qu'il s'est définitivement tracé la règle qu'il a depuis observée avec rigueur.

Quelles richesses littéraires ne lui doit-il pas, à cette discipline sévère de son esprit! Elle a donné à ses livres l'actualité, la modernité, c'est-à-dire l'une des conditions du succès dans une société emportée par la soif de jouir, brûlée par la fièvre, qui n'a plus le temps de se recueillir, de revenir sur les jours qu'elle a déjà vécu, et tourmentée cependant du désir de se voir revivre en des récits qui traduiront ses passions, ses vertus et ses vices, qui lui apprendront à se connaître, sans lui imposer l'obligation de s'étudier elle-même et sur elle-même.

Il est vrai que, pour mettre ce système en pratique avec fruit, il fallait une organisation spéciale, une flamme personnelle, un don de nature que les plus laborieux efforts ne sauraient donner à qui ne l'a pas trouvé dans son berceau. Émile Zola, appréciant le talent d'Alphonse Daudet, écrivait naguère : « La nature bienveillante l'a mis à ce point exquis où la poésie finit et où la réalité commence. » Voilà nettement définie la cause principale de la fortune littéraire de mon frère.

Mais pour comprendre les enjambées qu'il a faites depuis vers la renommée, il faut tenir compte de ce travail incessant de son esprit dont j'ai parlé, de son ambition constamment tournée vers le mieux. Malgré ses dons naturels, il aurait pu rester en chemin s'il ne les avait sans cesse excités, développés, affinés avec une volonté tenace, jamais lassée, toujours prête à s'affirmer pour rendre plus parfaite l'œuvre de ses mains.

Les événements de la fin de l'Empire, les angoisses du siége de Paris, les tragédies de la Commune, tous ces épisodes émouvants qui semblent faire partie de notre histoire personnelle, tant ils ont pesé sur la destinée de chacun de nous, devaient inspirer et ont inspiré plus d'un écrivain. Les romanciers et les poëtes se sont servis de ces péripéties, les ont rappelées dans leurs vers ou encadrées dans les intrigues de leurs récits. D'où vient que nulle part elles ne sont plus vivantes que dans les pages que leur a consacrées Alphonse Daudet? C'est que justement il les a racontées en réaliste et en poëte. Sa flamme a doré la réalité, l'a parée non-seulement de toutes les grâces d'un style original et pénétrant, mais encore d'un accent de tendresse infinie qui provoque les larmes. Aussi le trait le plus ordinaire, serti par ce maître ouvrier, devient un joyau rare.

Voulez-vous un exemple de l'effet qu'il produit par les moyens les plus simples? Ouvrez les *Contes du lundi* et relisez la *Dernière Classe*. Nous sommes dans un pauvre village d'Alsace, le jour où, subissant la conquête, cette province française va devenir allemande. Pour la dernière fois, l'instituteur fait sa classe en français; il y a appelé les parents de ses élèves afin de leur adresser ses adieux, les prenant à témoin, à cette heure de deuil, de son ardent amour pour la patrie vaincue, et afin de déposer dans leur âme, avant de se séparer d'eux, la graine de patriotisme dont ils légueront la fleur à leurs enfants. Un petit élève, venu à l'école ce jour-là comme tous les jours, raconte cette scène. Et c'est tout, presque un fait divers que le journal de la ville voisine a peut-être inséré dans la chronique locale.

Voyez maintenant ce qu'est devenu ce fait divers sous la plume d'Alphonse Daudet. Sans y rien ajouter que l'émotion de son âme et la magie du style, sans prononcer un mot retentissant, un de ces mots un peu gros qui, dans les apostrophes du vaincu au vainqueur, sont comme la menace éternelle des représailles à venir, et qu'il eût été bien excusable d'employer en cette circonstance;

sans dépasser le ton d'une froide narration, il a écrit huit pages qui sont la protestation la plus éloquente qu'on ait jamais élevée contre la loi barbare qui traite un peuple comme un bétail.

Si l'on veut chercher à travers son œuvre d'autres preuves de ce don si personnel de faire revivre la réalité dans ses récits sans lui rien faire perdre de sa puissance, en lui donnant au contraire, par l'art d'arranger les mots, tout le relief de la vie, on les trouvera par centaines.

Je prends la mort du duc de Morny. Mon frère était là; il a suivi, heure par heure, ce drame intime, que la grande place tenue par le mourant allait transformer en un drame historique. Il a vu la maladie entrer dans le palais et la mort accrocher aux murailles les tentures noires. Il a saisi sur le vif l'effarement des politiques et des faiseurs, aux yeux de qui l'événement prenait les proportions d'une catastrophe. Il a entendu les commentaires des valets, partagés entre l'orgueil d'avoir servi un maître si puissant, le regret de le perdre et la hâte de se faire un sort ailleurs. Il a aidé à détruire les papiers intimes, la volumineuse correspondance, témoignage de la platitude humaine, que le mort n'a pas voulu laisser après soi. Il est entré dans la chambre au moment où l'embaumeur venait d'en sortir. Chacun de ces traits, recueillis au passage, est allé grossir le dossier des notes du romancier.

Maintenant, reprenez les pages du *Nabab*, dans lesquelles il a reconstitué ce saisissant tableau, dont *Robert Helmont* contient une première ébauche. N'eussiez-vous ouvert le livre que comme une œuvre de pure imagination, fussiez-vous ignorant de l'histoire contemporaine au point de ne pouvoir discerner ce qu'il contient de vérité, vous ne sauriez lire ce chapitre où perce, entre le blanc des lignes, l'ironie provoquée dans l'esprit du conteur par ces spectacles de la vanité et de l'impuissance des hommes, sans deviner que la mort qu'il raconte était le symptôme précurseur d'une grande chute, que ce n'était pas seulement un duc impérial qui disparaissait, mais tout un immense édifice qui commençait à s'écrouler. L'exactitude de cette reproduction des choses vues, où ne se rencontre pas une seule allusion politique, la vie que leur a donnée le peintre, l'art avec lequel il fait passer dans son récit les angoisses dont il a surpris la trace sur les visages bouleversés, ont suffi pour révéler tout ce qu'il ne dit pas. L'effet reste saisissant, produit par des moyens si simples. Dans les œuvres d'art, c'est la vraie marque du talent, j'entends le talent qui assure leur durée.

XIX

La mort du duc de Morny décida mon frère à réaliser un projet auquel il songeait depuis longtemps, le projet de recouvrer sa liberté. Il était trop véritablement homme de lettres pour persister, les premières difficultés vaincues, à vivre autrement que de sa plume. Il quitta le Corps législatif dès qu'il lui fut démontré que l'indépendance de ses idées pouvait y être compromise.

Ai-je besoin d'ajouter que, durant le séjour qu'il venait d'y faire, il n'avait ni écrit une ligne ni accompli un acte qui pussent être considérés comme un sacrifice de cette indépendance aux exigences de sa situation? Il a eu, sa vie durant, cette bonne fortune de vivre dégagé de tout lien politique. « Je suis légitimiste », avait-il dit à M. de Morny, en entrant pour la première fois dans son cabinet. Cette petite fanfaronnade de Méridional était moins une vérité, même alors, qu'une manifestation de fierté native et peut-être un hommage aux opinions professées dans la maison paternelle. Mais ce mot, mon frère ne le dirait plus aujourd'hui.

Ce n'est pas qu'il ait eu depuis le loisir ou la volonté de se faire un sentiment bien net du régime qui convient le mieux à la France, c'est mépris pour la politique. Ce mépris, il l'a exprimé un jour, en des accents indignés, dans l'épilogue de *Robert Helmont :*

« O politique, je te hais ! Je te hais parce que tu es grossière, injuste, criarde et bavarde ; parce que tu es l'ennemie de l'art, du travail ; parce que tu sers d'étiquette à toutes les sottises, à toutes les ambitions, à toutes les paresses. Aveugle et passionnée, tu sépares de braves cœurs faits pour être unis ; tu lies, au contraire, des êtres tout à fait dissemblables. Tu es le grand dissolvant des consciences, tu donnes l'habitude du mensonge, du subterfuge, et, grâce à toi, on voit des honnêtes gens devenir amis de coquins, pourvu qu'ils soient du même parti. Je te hais surtout, ô politique, parce que tu en es arrivée à tuer dans nos cœurs le sentiment, l'idée de la patrie... »

Après avoir lu cette virulente apostrophe, il paraîtra difficile de classer mon frère dans un parti quelconque, quelles que soient d'ailleurs les amitiés qu'il s'est faites à droite et à gauche, parmi les admirateurs de son talent, ou de croire qu'il cherche à se classer sous une étiquette. Il a eu trop souvent à se féliciter de cette heureuse indépendance pour être disposé à l'abdiquer.

Il en est plus d'un qui regrette aujourd'hui de n'avoir pas suivi son exemple. Sans professer comme lui pour la politique un mépris poussé jusqu'à la haine, tout en reconnaissant que le malheur des Français a eu surtout pour cause leur indifférence politique en d'autres temps, il faut avouer que plus nous allons, et moins les lettrés et les délicats auront à se louer de s'être jetés dans la mêlée de nos polémiques quotidiennes. Vainqueur, on y récolte l'envie ; vaincu, l'injustice. Les ressentiments politiques sont les plus implacables.

J'en sais quelque chose, moi qui me

considère comme un ami passionné de la liberté, qui ne l'ai jamais trahie, et à qui certains hommes n'ont cependant pas pardonné la modeste part que j'ai eue dans l'acte, inopportun peut-être, mais rigoureusement légal, du Vingt-Quatre Mai. J'ai eu beau, quand en 1876 le verdict électoral vint nous prouver que nous nous étions trompés, abandonner volontairement les fonctions que j'occupais; j'ai eu beau, sous le Seize Mai, quand mes amis m'invitaient à les reprendre, m'y refuser; j'ai eu beau m'abstenir depuis de tout dénigrement systématique contre un régime dont j'avais attaqué, en d'autres circonstances, les défenseurs, les hommes dont je parle n'ont pas désarmé, ont continué à me traiter en ennemi, encore que je ne provoquasse ni leurs faveurs ni leur colère.

Ils n'ont même pas épargné mes travaux littéraires, à propos desquels certains d'entre eux écrivaient, en parlant de moi : « Daudet!... pas celui qui a du talent, l'autre », croyant faire à mon amour-propre une blessure profonde par ce rappel malveillant des succès de mon frère. La sérénité avec laquelle je m'en exprime aujourd'hui leur prouvera combien ils se sont trompés; je n'y fais allusion que pour démontrer cette implacabilité des ressentiments nés de la politique, à laquelle Alphonse Daudet a échappé.

Une fois rendu à lui-même, il fut tout entier aux lettres. Alors a commencé cette longue série de contes, de comédies, de drames, de romans, qui ont consacré sa réputation, en marquant, étapes par étapes, la persévérante ascension de son talent. Il publiait successivement les *Lettres de mon moulin,* recueil composé de ses impressions méridionales; le *Petit Chose,* inspiré en partie par notre enfance, écrit en plein hiver dans une modeste propriété du Languedoc où, pendant plusieurs semaines, il vécut seul, comme un ermite, ayant pour unique compagnon un vieux Montaigne, dont la lecture le reposait de ses veilles laborieuses; il faisait jouer aux Français l'*OEillet blanc*, à l'Opéra-Comique les *Absents*, au Vaudeville le *Frère aîné* et le *Sacrifice*.

Durant ses haltes dans le monde des théâtres, il récoltait une riche moisson de notes et d'observations sur les comédiens, mettant en grange le grain fécond d'où devaient sortir plus tard le Delobelle de *Fromont jeune et Risler aîné* et les judicieuses appréciations qu'on peut relire dans la collection de ses feuilletons dramatiques de l'*Officiel*, à travers lesquels il a éparpillé les premiers chapitres d'une histoire de la critique théâtrale.

A propos de cette partie de son œuvre, j'ai souvent entendu des gens s'étonner que ses pièces n'aient pas rencontré auprès du public la même faveur que ses livres. Il est certain qu'il n'a jamais remporté une de ces victoires scéniques qui sont une fortune pour un auteur ou pour un théâtre. Je ne parle pas des pièces qu'il a tirées de ses romans. Celles-là ne sont venues à la scène que protégées par le souvenir du retentissement qu'elles avaient eu sous leur première forme; et encore ce souvenir a-t-il quelquefois pesé sur elles, plus qu'il ne leur a servi, surtout quand le public ne rencontrait plus au théâtre, dans leur intégrité, dans leur cadre descriptif, les types qui l'avaient le plus charmé. Quant aux autres, à l'exception peut-être de la *Dernière Idole,* elles ont ordinairement apporté à leur auteur plus de déboires que de satisfaction.

Je suis presque tenté de voir dans ce fait indéniable une preuve de sa supériorité ou, si l'on préfère, de l'infériorité de l'art scénique. C'est surtout aux détails que les livres d'Alphonse Daudet doivent leur plus grand attrait, aux détails, aux descriptions, à l'analyse des événements, à la composition des personnages, à je ne sais quoi de personnel, d'original, de séduisant, que la convention théâtrale brise impitoyablement. Ses qualités sont justement contraires à celles qu'exige la scène moderne, où la langue est peu, où le fait ne vaut que par la manière dont il saisit le regard et l'intérêt du spectateur.

En une seule circonstance, mon frère a tenté d'écrire un drame accommodé au goût du jour, sous une forme qui ne laissait aucune place à ses expansions de poëte. Il s'est laissé circonvenir par des gens de théâtre : il a fait *Lise Tavernier,* et il a échoué. On peut objecter que l'œuvre était grotesquement montée. Nous étions en 1872, à l'Ambigu, sous la direction Billion; c'est tout dire. Mais, même mise en scène par un directeur plus soucieux de la dignité de l'art, je ne crois pas qu'elle eût produit un meilleur résultat.

A la fin de cette année, Alphonse Daudet a donné la mesure de ce qu'il peut au théâtre, avec l'*Arlésienne*. Il a vêtu cette idylle tragique des plus brillantes parures; il en a caressé les périodes avec amour, comme les stances d'une pastorale; dans un décor de Provence, il a fait résonner tout le clavier de la passion; du jour où il a commencé cette œuvre, il a eu la fièvre; cette fièvre n'est tombée que le soir de la première, dans la lassitude et la déception d'une victoire douteuse; les perles les plus fines de son écrin, il les avait répandues à profusion dans chaque phrase; il a écrit là des pages qu'on ne peut lire sans qu'une poignante émotion vous étreigne l'âme.

Cependant, au théâtre, l'effet n'a pas répondu à son attente. Est-ce que l'action était trop locale? Est-ce que *Mireille* avait épuisé l'intérêt des Parisiens pour les choses de Provence? Est-ce que sur une autre scène que le Vaudeville, dans un autre milieu que ce coin de la Chaussée d'Antin, si férocement blagueur, l'*Arlésienne* aurait eu une autre destinée? Je suis assez disposé à le croire, car il s'en est fallu de bien peu que ce succès incertain, suffisant, tel qu'il fut, à honorer une carrière d'écrivain, se transformât en un triomphe incontesté.

XX

Je rédige ces notes au hasard de la plume, comme elles viennent à mon esprit, sans tenir compte de l'ordre chronologique des événements tout intimes que je résume ici plus que je ne les raconte. On ne sera donc pas surpris, si après avoir parlé, afin de n'y plus revenir, des pièces jouées en 1872, je fais un retour en arrière pour retrouver Alphonse Daudet là où nous l'avons laissé, c'est-à-dire au moment où il venait de quitter l'unique emploi qu'il ait jamais occupé.

En ce temps, il vivait à la campagne la plus grande partie de l'année. Il aimait les bois qui entourent Paris, reportant sur eux la tendresse qu'il a toujours eue pour les choses de nature, eaux, forêts, montagnes, tendresse qui, brusquement, le faisait partir de quelque village perdu au fond de la vallée de Chevreuse pour parcourir à pied les Vosges et l'Alsace.

Il a toujours avidement cherché les sensations que causent les objets extérieurs. Dans la préface de *Fromont jeune et Risler aîné,* il raconte comment il dut au hasard, qui l'avait installé dans le Marais, le choix du milieu dans lequel il a encadré l'action de son roman. Des circonstances analogues ont exercé une égale influence sur la composition de ses autres livres; cela est vrai surtout pour *Jack,* dont tant de pages ont recueilli les souvenirs de ses longues excursions dans les environs de Paris, sur les rives de la Seine, du côté de Corbeil, où son mariage allait le conduire et le fixer tous les ans, durant plusieurs mois.

Ce mariage eut lieu au commencement de 1867. Durant l'été précédent, nous étions installés en famille à Ville-d'Avray. Mon frère, souffrant, était resté à Paris. Une épidémie de choléra l'en chassa; il vint s'établir chez nous. Un jour, des amis qui habitaient dans le voisinage, étant venus nous voir, amenèrent avec eux une de leurs parentes, une jeune fille charmante, instruite, supérieurement élevée, mademoiselle Julia Allard. Elle avait eu le bonheur de grandir dans une atmosphère de tendresse et de poésie, entre un père et une mère passionnément épris des choses intellectuelles, poëtes eux-mêmes. A quelques mois de là, elle portait le nom d'Alphonse Daudet.

Quoiqu'elle ait fait acte d'écrivain, en publiant des *Impressions de nature et d'art* où l'on peut lire l'enfance d'une Parisienne, des notes détachées, des impressions qui rappellent les choses entrevues, une douzaine d'études sur les dernières lectures, je n'en parlerais pas, sachant combien l'effarouche le bruit qui se fait autour d'elle, si mon frère n'avait rendu lui-même publiquement hommage à l'influence qu'elle a exercée sur ses œuvres

Tel que nous connaissons Alphons Daudet, la compagne qu'il s'est donnée pouvait, s'il s'était trompé dans son choix, éteindre la pure flamme de son esprit et tuer son talent. La peur de ce péril l'avait toujours dominé, éloigné du mariage. On en trouve l'expression, rendue après coup, dans les *Femmes d'artistes* et plus particulièrement dans le récit qui ouvre ce volume : *Madame Heurtebise*. Cettepeur, nous la ressentions tous pour lui. Mais sa femme a été la sérénité de son foyer, la régulatrice de son travail, la conseillère discrète de son inspiration.

« Elle est tellement artiste elle-même, elle a pris une telle part à tout ce que j'ai écrit ! Pas une page qu'elle n'ait revue, retouchée, où elle n'ait jeté un peu de sa belle poudre azur et or. Et si modeste, si simple, si peu femme de lettres ! J'avais exprimé un jour tout cela et le témoignage d'une tendre collaboration infatigable dans la dédicace du *Nabab;* ma femme n'a pas permis que cette dédicace parût, et je l'ai conservée seulement sur une dizaine d'exemplaires d'amis. »

Je ne sais rien de plus éloquent que ce simple hommage, non moins à l'éloge de celui qui l'a rendu que de celle qui l'a mérité.

Au moment où ma belle-sœur venait,

cédant aux sollicitations de son mari, de publier son recueil d'impressions, un soir, après quelques heures passées entre elle et mon frère, tout pénétré par le bonheur de leur maison, j'écrivis, en rentrant chez moi, prenant prétexte de ce livre, quelques lignes qui me semblent à leur place dans cette étude. Elles sont comme le tableau définitif de cet intérieur fortuné, où l'art est dieu, et dont le rayonnement forme avec les âpres débuts que j'ai racontés un saisissant et consolant contraste :

« La salle de travail est vaste et haute. Devant la table chargée de papiers et de livres, sous le blanc rayon de la lampe, dont un abat-jour en papier découpé adoucit la clarté, le maître du logis est assis, écrivant l'œuvre nouvelle promise au public, annoncée par les journaux, attendue par les traducteurs et les éditeurs. Entre chaque phrase, après en avoir choisi tous les mots, ciselé toutes les lignes, il s'arrête, écoutant l'imagination qui lui parle, mais la disciplinant pour la maintenir dans les limites de la vérité, ou l'y ramener quand elle est tentée d'en sortir. Les personnages dont il décrit les aventures, dont il nous montre l'âme, les instincts et les passions, passent devant ses yeux.

« Avec la précision d'un peintre de la vie, il les reproduit tels qu'il les a connus; il s'attache à les rendre aussi vrais que nature, déployant dans cette lutte pour la recherche de l'expression, pour l'élévation de la pensée, pour la description du décor, pour la pureté du style, la vigueur, la grâce, la fantaisie, toutes ces qualités maîtresses qui sont en lui et dont il pare les fils de ses rêves avec le plus ardent effort de conscience, ne se déclarant satisfait que lorsqu'il a épuisé toutes les formes de cet effort, et affirmant ainsi le respect qu'il a du public et le respect qu'il a de lui-même.

« En face de lui, à l'autre extrémité de la table, après avoir veillé sur le coucher des enfants et baisé leur front, la femme est venue s'asseoir doucement. L'heure est exquise, propice au tranquille labeur qui enfante les belles œuvres. Les bruits de la rue semblent éteints, la maison s'est endormie. Ce grand silence est salutaire. Une bûche se consume dans l'âtre en chantant; la flamme qui la dévore danse sur les cendres embrasées, accroche des étincelles rougeâtres aux cadres dorés des tableaux et aux cuivres des vases où s'étalent les plantes vertes. Jamais l'intimité de ce bonheur domestique, jamais la sérénité de ce foyer familial, visité par la gloire, n'avaient revêtu une plus suave éloquence.

« La jeune femme se laisse bercer au

gré de ses rêves; elle savoure le présent, cherche à deviner l'avenir, et, par un involontaire besoin de comparer avec ce qu'elle a connu jadis ce que maintenant elle possède et ce qu'elle espère, elle se laisse entraîner vers le passé. Elle revoit son enfance, elle est transportée dans une autre maison, chaude aussi, pleine de caresses, confortable et paisible; elle voit les jours lointains. Ici, elle commande; là-bas, elle obéissait, et c'était encore bien doux. Elle ne regrette rien de ce passé, mais elle le revoit avec joie, sa mémoire lui en dit les échos, lui en rappelle les souvenirs.

« Alors, à cette table heureuse, où le talent est contagieux, en face de cet homme qui est tout pour elle et dont la plume écrit des chefs-d'œuvre, elle se sent prise aussi d'une sorte de nostalgie, et, sur la page blanche étalée sous sa main, elle laisse tomber en stances harmonieuses, prose ou vers, ses souvenirs tout à coup ressuscités. Ces soirs heureux fréquemment se renouvellent. Ils se complètent, l'été venu, par les adorables journées de villégiature, dans la maison des champs adossée à la forêt et dont les pampres à couleur d'émeraude et les glycines à fleurs bleues se mirent dans la rivière. »

XXI

Jusqu'en 1873, Alphonse Daudet s'était montré réfractaire aux œuvres de longue haleine. Il avait écrit deux romans : *le Petit Chose* et *Tartarin de Tarascon*. Mais c'étaient là des œuvres de début, remontant déjà haut ; il ne semblait guère disposé à en reprendre la série interrompue. Après la guerre, il avait porté son principal effort vers le théâtre, tandis que, d'autre part, il recueillait ses souvenirs de la fin de l'Empire, du siége et de la Commune, en courtes études, histoire ou fantaisie, à la manière des *Lettres de mon moulin*. Il ne fallut pas moins de trois volumes pour les épuiser : les *Lettres à un absent*, les *Contes du lundi*, *Robert Helmont*.

Il est vrai que, durant cette période, il avait vu de près les hommes et les choses. Déjà, dès le commencement de 1870, il se laissait détourner de ses préoccupations, jusque-là purement, exclusivement littéraires, par les symptômes précurseurs de la bourrasque. Il suivait en observateur les manifestations populaires, les incidents de la politique.

Je me souviens qu'un soir, peu de jours avant le plébiscite, il voulut m'entraîner à travers le faubourg du Temple tout plein d'agitations et de menaces, dans une réunion électorale. Des groupes tumultueux, difficilement contenus par un énorme déploiement de force armée, nous empêchèrent d'arriver au but de notre course. Déjà la lutte s'engageait entre les Parisiens et les Bonaparte.

Un autre soir, quelques heures après l'assassinat de Victor Noir, nous allâmes au ministère de la justice, chez Émile Ollivier, qu'il ne connaissait pas encore. Puis ce fut le Quatre-Septembre, le siége, durant lequel il était resté dans Paris, volontairement enrôlé dans la garde nationale, malgré sa myopie, grand coureur d'avant-postes, intrépide chercheur de sensations, bravant le danger pour se donner la satisfaction de tout voir, d'allonger, à la fin de ces émouvantes journées, les pages de notes déjà couvertes de son écriture menue et serrée.

Pendant près de deux années, ses conceptions ne se sont alimentées que de ces souvenirs. Il a accroché ainsi dans son œuvre, comme dans une galerie, une centaine de tableaux qui, par l'exactitude et la vérité de l'observation, ont toute la valeur d'un document historique.

Nulle part, peut-être, sa puissante faculté de vision ne s'est affirmée au même degré que dans ces courts récits, pénétrés encore de l'émotion qui faisait trembler sa plume, quand à la hâte, et pour ne pas l'oublier, il notait d'un mot l'impression maîtresse, résumant toutes les autres. Souvent, le trait qui l'a frappé a duré quelques minutes; souvent, il n'a fait qu'entrevoir son modèle; mais cela lui a suffi pour le peindre, sans trahir la ressemblance. La même observation peut s'appliquer à toute son œuvre.

La Commune l'obligea à fuir Paris. Lorsqu'il y rentra et put se remettre au travail, il ne songea qu'aux livres où seraient gravés, comme ils l'étaient dans sa mémoire, les événements auxquels il venait d'assister.

En même temps, je l'ai dit, il travaillait pour le théâtre. La chute de *Lise Tavernier*, la déception de l'*Arlésienne*, arrêtèrent son essor de ce côté. Pendant une représentation de cette dernière pièce, l'idée lui vint de faire un roman parisien. Il écrivit *Fromont jeune et Risler aîné* en 1873, sans pressentir l'immense succès que lui préparait ce livre, dont la publication dans le *Bien public* n'avait pu cependant passer inaperçue.

C'est avec ce roman que l'éditeur Charpentier est entré dans la série des volumes à grands tirages. Quelques semaines suffirent pour répandre celui-là dans le monde entier. On le lisait à l'étranger comme en France, dans le texte ou dans des traductions.

Cette vogue des premiers jours n'en a pas épuisé la propagation. Encore à l'heure où j'écris, on en tire tous les ans plusieurs milliers d'exemplaires. L'Académie française elle-même voulut s'associer à la manifestation qui se faisait autour du nom d'Alphonse Daudet : elle décerna à son livre le plus littéraire des prix dont elle dispose annuellement.

Par la force des choses, cette étude a tellement pris peu à peu le caractère d'une apologie, que j'éprouve quelque embarras maintenant à dire ce que je pense de *Fromont jeune et Risler aîné.*

En parlant d'Alphonse Daudet, j'ai pu faire connaître l'homme par le simple récit des événements de sa vie, comme on révèle un épisode historique à l'aide de documents authentiques. Mais je ne saurais juger son œuvre que par l'expression d'une opinion personnelle où l'admiration tient la plus grande place. Mon jugement serait donc suspect et conséquemment sans valeur. Il n'ajouterait rien à l'autorité de ce chapitre d'histoire littéraire. Je renonce à le formuler.

Ce que j'ai le droit de constater, c'est que la vérité des personnages et le *vécu* des événements ont été la cause déterminante de la fortune du premier grand roman d'Alphonse Daudet. On ne s'est pas occupé de rechercher si la donnée était bien neuve, si, de près ou de loin, elle ne se rattachait pas à quelque autre exploitée déjà dans des livres plus ou moins répandus. Ce que le lecteur a vu surtout, ce qui l'a ému, séduit, charmé, c'est moins l'affabulation d'un récit qui met aux prises l'honneur commercial et l'honneur domestique, que la simplicité de l'intrigue, la vérité des personnages, la poésie et l'émotion jetées à profusion dans ces pages toutes charmantes.

Nos aînés dans les lettres nous ont souvent raconté combien, en d'autres temps, toute une génération s'était passionnée pour des héros de roman, Monte Cristo, Fleur-de-Marie, d'Artagnan, dont l'invraisemblance a fini par lasser l'intérêt des êtres vivants pour des êtres fictifs. Depuis longtemps, ces manifestations provoquées par un livre s'étaient apaisées. On les a vues renaître à l'apparition de *Fromont jeune et Risler aîné*. La petite Chèbe, Désirée la boiteuse, sont populaires. Delobelle est devenu classique. Son nom restera comme une épithète propre à qualifier tous ceux de son métier qui vont dans la vie, façonnés à son image et à sa ressemblance. On dit : « C'est un Delobelle », comme on dit : « C'est un Harpagon. »

Après ce roman, Alphonse Daudet écrivit *Jack*. Là encore le point de départ était une simple histoire venue à sa connaissance, et des péripéties de laquelle des hasards de voisinage l'avaient rendu témoin ou confident. Elle constitua la base de son œuvre. Fidèle à son système habituel, autour de cette histoire vraie, il amena successivement des personnages qui, dans la réalité, n'y avaient joué aucun rôle, mais qui cependant avaient vécu et, à leur insu, posé devant lui. Ces personnages eux-mêmes furent complétés par des traits, des mots qui appartenaient à d'autres, mais qui s'adaptaient à leur caractère, à leur nature.

Ce travail d'adaptation, de recomposition, est au fond de tous les romans d'Alphonse Daudet. Si ce n'est dans le *Nabab*, où il a transporté, sans rien modifier de leur physionomie historique, deux personnages, les deux principaux, je n'en sais pas un seul qu'il ait mis dans ses œuvres sans l'avoir composé ainsi de pièces et de morceaux. Après les *Rois en exil,* il y a eu un véritable affolement de curiosité, provoqué par le besoin de lever les masques, de savoir quels vivants mon frère avait visés et pourtraicturés. Or, il n'est pas un des types de ce livre qui soit personnellement, intégralement réel. Il en a fallu plusieurs pour en composer un seul.

Cela est vrai encore de *Numa Roumestan*. Quand ce roman commençait à paraître, mon compatriote le sénateur Numa Baragnon, après avoir lu la superbe description des Arènes un jour de fête populaire, m'écrivait, à la fin d'une de ses lettres : « J'ai bien envie de signer cette lettre : Numa Roumestan, puisqu'on prétend que c'est moi que votre frère a voulu peindre. Mais, hélas! il y a longtemps qu'on ne détèle plus ma voiture! »

D'autre part, plusieurs personnages que je pourrais désigner s'agitaient, un peu inquiets, convaincus qu'Alphonse Daudet avait entrepris de les livrer tout vivants à la curiosité contemporaine. Ils se trompaient les uns et les autres; la suite du roman a dû le leur prouver. L'auteur leur a pris à tous quelque chose, comme c'était son droit. Il n'en est pas un qui ait posé entier devant lui. Il suffit de connaître le personnel politique de nos jours pour discerner ce qui appartient à l'un de ce qui appartient à l'autre.

J'en reviens à *Jack*. Mon frère m'avait longuement entretenu de ce roman avant de l'écrire. Appelé à la direction des journaux officiels, je le lui demandai pour le *Bulletin français* que nous venions de fonder, moi, représentant le ministre de l'intérieur, avec Émile de Girardin et Wittersheim, en remplacement du *Petit Journal officiel,* disparu avec l'Empire. Il était déjà chargé de la revue dramatique dans le grand *Officiel.* Je la lui avais confiée, prévoyant avec raison que son talent justifierait trop bien le choix que je faisais pour qu'on pût m'accuser de népotisme. Le désir de donner un fructueux éclat au journal naissant, placé sous ma direction, devait justifier de même la publication dans ce journal d'un roman signé Alphonse Daudet.

Mais quand il me l'apporta, je fus un peu effrayé de la mise en scène, dès le début, d'un établissement de Jésuites. Le caractère officiel de nos deux journaux m'avait déjà créé certains embarras et devait m'en créer d'autres, tous nés de la difficulté de laisser aux écrivains leur liberté sans engager la responsabilité du gouvernement. Il est des députés qui épluchaient toute la partie non officielle, les articles d'art, les articles de littérature, jusqu'aux faits divers, d'où j'avais dû bannir tout récit de crime, de suicide ou d'attentat, et qui portaient plainte au ministre pour toute ligne qui leur déplaisait. Les journaux de ce temps sont pleins de critiques et d'attaques ayant pour origine « les libertés » de la rédaction des feuilles gouvernementales.

Je me souviens notamment d'une circonstance qui, dans notre modeste milieu de rédacteurs unis par une étroite solidarité, prit les proportions d'un événement. Dans un article consacré à un livre de médecine, mon savant collaborateur Bouchut, faisant allusion à je ne sais quelles maladies nerveuses, avait timidement insinué qu'il serait aisé d'expliquer physiologiquement les extases de sainte Thérèse. Dans cette assertion si simple et si vraie, l'honorable M. Keller vit la négation des miracles. Il me le dit pendant une séance à Versailles, et, après avoir vainement tenté de m'arracher la promesse d'une rectification, il alla signaler l'article à M. Buffet, président du conseil et ministre de l'intérieur depuis quelques heures seulement.

Quoique M. Buffet soit certes incapable d'exiger d'un honnête homme un acte attentatoire à la dignité professionnelle, dans le premier moment, il insista pour obtenir que je désavouasse mon collaborateur. On devine ma réponse. Insistance d'une part, résistance de l'autre : l'incident dura deux jours; je n'y coupai court qu'en déclarant qu'on pouvait bien me révoquer, mais que je ne désavouerais pas mon collaborateur. Bienveillance ou faiblesse, M. Buffet répugnait aux mesures extrêmes, et l'affaire se dénoua par une lettre que m'écrivit le docteur Bouchut, dans laquelle il prouva, avec beaucoup d'esprit, que nous étions l'un et l'autre au-dessus de notre mésaventure.

Je n'ai raconté ce trait de nos mœurs

politiques que pour expliquer les causes qui me firent hésiter à publier *Jack*. Mon frère, au courant de mes ennuis, renonça à discuter mes objections. Il porta son roman dans cette hospitalière maison du *Moniteur*, toute pleine de grands souvenirs et de traditions littéraires. Paul Dalloz s'empressa de l'accepter.

En librairie, ce livre ne rencontra pas la vogue du précédent; cela ne peut s'expliquer que par la nécessité où se trouva Dentu de l'éditer en deux volumes et d'en élever le prix, car jamais les qualités de l'écrivain et du poëte ne s'étaient affirmées avec plus d'éclat; jamais il n'avait au même degré exprimé son amour pour les petits et les humbles, ni révélé ce don d'émouvoir les autres au contact de sa propre émotion, de manier l'ironie, de décrire le décor où il fait vivre ses héros.

Qu'il mette à nu la cervelle d'oiseau

d'Ida de Barancy; qu'il nous montre d'Argenton, le plus important des ratés, si fièrement campé dans sa nullité et sa sottise; qu'il nous mène à la suite du pauvre Jack, fuyant le gymnase Moronval, s'égarant dans les champs enveloppés d'ombre, dominé par la terreur du noir, du silence et de l'inconnu; qu'il nous raconte le martyre du petit roi nègre; qu'il nous décrive les tranquilles paysages des bords de la Seine; qu'il nous conduise à Indret pour nous faire rire avec Bélisaire et pleurer avec Jack; qu'il nous ouvre le calme intérieur des Rivals; qu'il nous fasse assister aux dernières heures de la victime de d'Argenton, partout son talent s'est manifesté avec une rare puissance, et quoiqu'on ait prétendu, en lui en faisant tour à tour un tort et un mérite, qu'il manquait d'imagination, il a donné, par l'arrangement et l'accumulation logique d'événements peut-être arrivés, toute l'illusion de l'invention complète et personnelle.

Puis, dans la féerie des descriptions, les types se pressent, nombreux, multiples, originaux, avec de la chair sur les os, des muscles sous la peau, du sang dans les veines, toutes les forces de la vie.

Dégagé comme *Fromont jeune et Risler aîné* de la préoccupation d'actualité, visible dans le *Nabab,* les *Rois en exil* et *Numa Roumestan, Jack,* à le considérer isolément, reste cependant comme une étude de mœurs révélatrice et rigoureusement exacte, traversée par un vif sentiment de modernité. Vue dans l'ensemble, l'œuvre m'apparaît comme un livre de transition, après lequel Alphonse Daudet allait créer un moule nouveau pour le roman moderne, en y introduisant, avec des personnages vivants, notre histoire sociale et politique, inaugurer ce que j'appellerai sa seconde manière, caractérisée par la préoccupation d'actualité dont je viens de parler.

Cette préoccupation procède elle-même d'un constant souci de vérité. Elle devait naturellement compléter la faculté maîtresse de ce talent, qui de la plume fait un pinceau, donne au style le relief de la peinture, de l'arrangement des mots fait jaillir la couleur et amène devant les yeux, fixés sur une page imprimée, les hommes et les choses, dans une vision aussi intense, aussi saisissable en ses contours que la vie elle-même.

C'est ici le cas d'ajouter que ce qui constitue la valeur spéciale des livres d'Alphonse Daudet, ce qui leur assure de sérieuses chances de durée, c'est qu'ils sont dans leur ensemble un exact reflet de son temps. Contes, romans, et même études intimes comme celles dont se compose ce volume : *les Femmes d'artistes*, un des moins connus, que je recommande aux gourmets, tous renferment un côté documentaire qui en relève singulièrement le prix.

Tel récit des *Lettres à un absent,* tel épisode des *Rois en exil,* est une page d'histoire que devront lire, avant de se mettre à l'œuvre, ceux qui dans l'avenir entreprendront de nous étudier, nous leurs devanciers, dans les événements, dans la famille, dans les hommes. La mort et les funérailles du duc de Mora, la visite du bey de Tunis au château du Nabab, l'atelier de Félicia Ruys, l'agence Lévis, la veillée des armes, le voyage dans sa ville natale de Numa Roumestan ministre, voilà de l'histoire au meilleur sens du mot; non l'histoire officielle des faits, mais cette histoire des passions, des appétits, des aspirations qui aident à les comprendre.

Mérimée avait raison quand il se disait prêt à donner tout Thucydide pour une page des Mémoires d'Aspasie. Il n'en faut pas davantage pour éclairer d'un jour lumineux une civilisation disparue.

En commentant l'histoire de cette façon, en s'emparant ainsi des hommes et des choses, le roman moderne a fait une conquête glorieuse. Il a, de plus, imposé à la science historique des conditions nouvelles. Parmi les jeunes, tous ceux qui s'occupent de cette science ont compris que puisque le roman leur prenait quelque chose, l'histoire devait aussi prendre quelque chose au roman. Elle lui a pris sa forme, ses analyses, ses descriptions et jusqu'à ses dialogues.

Naguère encore, à de rares exceptions près, les historiens, même les plus illustres, auraient cru manquer aux règles de leur art, à la majesté du passé, aux grandes mémoires; ils auraient cru rapetisser les événements en se départissant d'un style froid et compassé, en campant leurs personnages dans un cadre descriptif, en nous montrant leurs traits, en ramenant leurs actes aux proportions de l'existence quotidienne, en les faisant agir et parler ainsi que nous agissons et parlons nous-mêmes.

L'école moderne a modifié, transformé le procédé; elle le modifiera, le transformera plus encore, et cette révolution pacifique aura été déterminée par la transformation du roman, qui s'est opérée elle-même sous l'empire du goût public. Car, c'est là ce que ne doivent pas oublier ceux d'entre nous qui ont quelque souci de ne pas sombrer dans l'indifférence générale, ce que la génération contemporaine demande aux artistes, c'est la réalité, c'est la vie. Le roman pour lui-même, c'est-à-dire la fiction, est mort, bien mort. Dans les livres qui sollicitent son attention, ce que le lecteur entend trouver, c'est lui-même, ses vices, ses vertus, sa propre image, tout ce que seul il ne sait pas voir. L'art du romancier, comme l'art du peintre, comme l'art de l'historien, consiste à le lui bien montrer sous les diverses formes que comporte chacun de ces genres.

C'est là, à peu de chose près, je le sais, la doctrine de l'école naturaliste. L'esprit de décision avec lequel elle s'est approprié ces vérités, en essayant de s'assurer la personnalité d'Alphonse Daudet, n'a pas moins fait pour son succès que le vigoureux tempérament du plus célèbre de ses apôtres. Mais quelles que soient les formules scientifiques, un peu puériles, dont il les a vêtues pour en parer comme d'un mérite spécial et personnel la conception de ses romans, on ne saurait admettre que ces vérités sont de son invention, que ces règles sont exclusivement siennes.

Elles avaient cours avant qu'il les inscrivît sur son drapeau et entrât en campagne en leur nom. Sans remonter à Balzac, il est bien difficile, lorsqu'on songe au chemin qu'elles ont fait depuis, à la part qu'elles ont dans nos préoccupations, de ne pas attribuer la principale cause de leur progrès à Edmond et Jules de Goncourt. Voilà les vrais pères du roman naturaliste; l'*Assommoir* a eu son aïeul, *Germinie Lacerteux*; les principes de l'école sont là, mis en pratique dans cette manifestation d'un viril talent qui n'a jamais cherché ni à les professer dogmatiquement, ni à les imposer, et qui n'a voulu en démontrer la puissance que par l'emploi qu'il en faisait. Si donc il n'est pas permis au plus illustre servant du naturalisme de se proclamer inventeur sans commettre une lourde injustice, il lui est plus aisé de rattacher les Goncourt à son école, qui est la leur.

Mais il ne saurait de même y faire entrer Alphonse Daudet, dont les qualités de poëte et d'écrivain, les exquises délicatesses, les tendresses profondes, les répugnances pour tout ce qui est trivial ou grossier, protestent contre l'usage qu'on voudrait faire de son nom dans un parti qui ne doit ses victoires qu'à ses chefs, qui n'a rien fondé encore, et qui disparaîtrait brusquement s'il les perdait.

Non, Alphonse Daudet ne peut être enrégimenté ni dans ces rangs, ni dans d'autres ; il est trop peu homme d'école et de dogme, trop contraire à tout ostracisme, trop fièrement indépendant et, pour tout résumer, trop complétement artiste ! Quelque effort qu'on fasse pour lui imposer une étiquette, cet effort restera vain. Alphonse Daudet est lui-même. C'est là l'essence de son originalité native, la marque personnelle de son œuvre.

Petites-Dalles (Seine-Inférieure),
août-septembre 1881.

FIN.

DU MÊME AUTEUR, A LA MÊME LIBRAIRIE

Les Persécutées. Un vol. in-18. Prix. . . . . 3 fr. 50
Daniel de Kerfons. — *Confession d'un homme du monde.* Deux vol. in-18. Prix. . . . . 7 fr.
La Marquise de Sardes. 3e *édit.* Un vol. in-18. . . 3 fr. 50
Clarisse. 2e *edit.* Un vol. in-18. Prix. . . . . 3 fr.
Madame Robernier. 2e *édit.* Un vol. in-18 Prix. 3 fr. 50
La Maison de Graville. 5e *édit.* Un vol. in-18. . . 3 fr. 50
Le Mari. 8e *édit.* Un vol. in-18. Prix. . . . . 3 fr. 50

En vente à la même Librairie :

Deux Nouvelles andalouses posthumes de Fernan Caballero, précédées de sa vie et ses œuvres, par le comte DE BONNEAU-AVENANT. Un vol. in-16. Prix. . . . . 4 fr.
Berryer, — *Souvenirs intimes*, par madame la vicomtesse A. DE JANZÉ. 3e *édit.* Un vol. in-18. Prix. . . . . 3 fr. 50
Madame de Girardin, par Imbert DE SAINT-AMAND, avec des lettres inédites de Lamartine, Chateaubriand, mademoiselle Rachel. Un vol. in-18, avec portrait. Prix. . . . . . 3 fr.
Portraits de grandes dames, par Imbert DE SAINT-AMAND. Un volume in-18, caractères elzeviriens. Prix. . . . . 3 fr. 50
Théophile Gautier, — *Souvenirs intimes*, par E. FEYDEAU. Un vol. in-18, avec eau-forte. Prix . . . . 3 fr. 50
Frédéric Chopin, sa vie et ses œuvres, par madame AUDLEY. Un volume in-18. Prix. . . . . 3 fr.
Adolphe Nourrit, sa vie, son talent, son caractère, sa correspondance, par L. QUICHERAT. Trois vol. in-8°. Prix. . 18 fr.
Ingres, sa vie, ses travaux, sa doctrine, par le vicomte Henri DELABORDE. Un vol. in-8°, avec portrait. Prix. . . . . 8 fr.
Lettres et pensées d'Hippolyte Flandrin, par le vicomte Henri DELABORDE. Un vol. in-8°, avec portrait. Prix. 8 fr.
Le Journal de Marie-Edméé, Introduction de M. Antoine DE LATOUR. Un vol. in-8°, avec portrait. Prix. . . . . . 8 fr.
Un homme d'autrefois, souvenirs recueillis par son arrière-petit-fils, le marquis COSTA DE BEAUREGARD Un vol. in-18. 4e *édit.* Prix. 4 fr.

Paris. — Typographie de E. Plon et Cie, rue Garancière, 8.

www.ingramcontent.com/pod-product-compliance
Lightning Source LLC
Chambersburg PA
CBHW071141160426
43196CB00011B/1966